أطياف على بابي

اسم الكتاب: أطياف على بابي

نوع الكتاب: خواطر

تأليف: مجموعة مؤلفين

تصميم الغلاف: مليكة محمد

التصحيح اللغوي: نورهان إبراهيم

التنسيق الداخلي: نورا سليمان سيد

رقم الإيداع: 2023/20642

الترقيم الدولي: I.S.B.N 978-977-86939-3-5

جمهورية مصر العربية- القاهرة

مدير النشر: أحمد مكي   جهاد محمود

01142340175 .01208209008

Ahmedmakay79@gmail.com

أطياف على بابي

أتُدرِكُ مَعنى أن تَكُونَ شَيئًا بَدِيلاً أو مُؤقَّتًا؟ أتُدرِك مَعنَى أن تَكونَ كُرةً ويَضعُكَ شَخصٌ لِمِلْء فَراغ مُكعب؟

أن تَكُون بَديلًا غَير كَافٍ حتى، أن تَكُونَ الخَيارَ الأخِير دَائمًا، الوَجهة الثَّانية بَدلاً مِن الأولى، أن تَكُونَ وَجهًا مِن الوُجُوهِ الأربَعِين، أن تَكُون ضَحكةً مَيت، عُيون مُهاجر، أن يُحبّك شخصٌ لِوجهِكَ؛ لأنكَ لَمحةُ جُثة؛ لأنكَ شبيهٌ باهت أتُدرِك مَعنى أن يُقالُ لكَ أحبَبتكَ ظَنًّا أنكَ تُشبه مَيتًا؟ أتُدرِك مَعنى أن يُقَال لكَ أنكَ العُمر لأحدهم وأنت لَست سِوى سنةٍ عَابرة؟ أن تَكُونَ سَطرًا فِي مُجلد الذِكريات، أن تَكُون زُجاجةَ مَشرُوبٍ غَازِي بِطَعمِ التُّوت هُو أكبرُ ذِكرى، أن تَكَونَ مَنسيًا، أن تَكُونَ غَارقًا فِي الذِكرى والحَنين وأنتَ الذِي يُفتَرض أن تَكُون قَاسِيًا، إننِي حتى لا أستَطِيع البَصق بهذه الكَلمات وَجهًا لِوجهٍ؛ لأنَّني لو أستَطَعتُ لمَا كَتبتُ هَذَا النَص.

<u>جهاد محمود</u>

أَبكَانِي ذَلَكَ العَجُوز حِينَمَا سَألَنِي عَنِ السَوَادِ الحَالِك تَحتَ عَينِي وقَالَ مُمَازِحًا: السَوَادُ لِعَجُوز مِثلِي لا تَسبِقِي الزَمَان يا بُنَيّتِي لَيتَهُ يَعلَمُ بِأنَّ القَلبَ قَد شَابَ قَبلَ المَلامِح، و بِأنَّنا كَبِرْنا خِلالَ أخِرِ ثَمانِ نَدَّبات دُهُورًا، إنَّ العُمر لَيسَ بِعِدِّ السَنَوَات مِن بَعدِ الوِلادة، إنَهُ بِقَدرِ نَدَبَاتِ القَلب يَا عَم.

جهاد محمود

☆★☆★☆★☆★☆

الهروب

كُنتُ أتجه لِلنَومِ هُرُوبًا مِن وَاقِعِي، هُرُوبًا مِن تِلكَ الأوهَام والأفكَار التِي تَنقُر جِدار جُمجُمَتِي، تِلكَ الأشيَاء التِي سَلبَت مِنِي الراحة فِي الحَياةِ، كُنتُ آمَل أني إذَا ذَهبتُ إلى النوم سَوف تَختَفِي كُلُّ تِلكَ الأمُور لَكِن عَكس مَا كُنتُ أتمَنَى حَدث، لم تَتركِنِي كُل تِلكَ الأشيَاء كَانت تُلاحِقُنِي فِي مَنَامِي كَأني قَتلتُ أمُها، لَقَد جَعلَتنِي أعيشُ دَاخِل رُعبٍ، رُعبٌ أينَمَا ذَهبتُ أعتَقِدُ أنَّ تِلكَ الأفكَار احتَلت جَسَدِي أصبَحَت جُزءًا مِني كَأني لا أستَطِيع أن أنهِي يَومِي دُون أن تُرعِبُنِي وتُقلِقُنِي، كَيفَ لِي أن أعيشُ بِبَعدِه؟

جهاد محمود

الليلُ يأتي؛ لِنَستريح مِن التَعبِ لِنأخذَ قِسطًا من الرَاحةِ بَعد طُول عناءٍ وسَير وألم، لَكن قَلبي يأبَى ذلكَ تُهاجمني فيه وحدتي والذكرَيات وفُرقة الأحباب.

<u>إيمان صالح</u>

☆*☆*☆*☆*☆

الأحلامُ مِثلَ النجُوم لا يَجب أن تَختفِي أو تَزول؛ لِذا عَليكَ السَعي قُدمًا حَتى تَنال المُراد وتُعانق الأحلام مُبتسِمًا أي مُرحبًا بسعادةِ الخَاطر مُستشعرًا لَذة الوصول، فالأحلامُ تجعل الحَياة خضراء مُزهِرة ذاتَ بهاء كشعاعِ الشَمس في ظُلمةِ السَراب.

<u>إيمان صالح</u>

بخِفة الفَراشة

الصَباحُ يأتي دَائمًا؛ ليحملُ في طَياتِه البَسَمات والأفراح والسُرور يُخبِرُنا أنَّ الأمنِيات تَتَحَقق والأحلَام تُصبِح وَاقِعًا جَميلاً مُزهِرًا أخضر، يُخبرنا الصَباح أنَّ الفَرح يبعثُ مِن القَلب كَذلك أنتَ تُشبِه الصَباح تَمامًا وعَينيكَ كَشروقِ الشَمس لِقَلبي ووجودك الذي يُشبه خِفة الفَراشات كَان انتِصَار لِقَلبِي بَعد الهَزائم المُتتالية وابتسامَتكَ التي تَعلو ثغرك كُلما رَأيتها تتساقط السعادة على قَلبي رُطبًا جَنيا ونِلت مِن البهجة ما يُسر الخَاطر ويُسعد القلب ويُذهب وَحشة الرَوح ويُضمِدها ويُؤنِسني.

أردتُ أن أكتبُ هنا مَا لم أستطِع البَوح به وأنا عَلى يَقينٍ تَام أنكَ سَتقرأ كَلامي وحِينها سَيُخبرِكَ قَلبك النَابض بينَ ضُلوعك بأنكَ أنتَ شُروق شَمس صَباحي وخِفى الفَراشة يا جَميل القَلب وصاحب النُبل والشِيم، وأنكَ بمثابة مطلع الفجر لقلبِي التَائِه بَعد أن خَاف العَتمة وبَسمتكَ بِخفةِ الفراشة لروحِي.

<u>إيمان صالح محمد</u>

الحَياةُ بها مِن النعمِ مَا يُسعِدُ القَلب ويسرُّ الخَاطِر ومِن تلك النعم وجُود ولو رفيقٌ واحد على الإطلاق يَكُن لكَ السَلام والسَكن وتَطمئنُ رَوحكَ بِجواره، شَخصٌ تعودُ إليه دائمًا بِنيةِ الأمَان عن كلِّ قلقِ الأعوام.

إيمان صالح

وأظنُ أنني نَجوتُ ثم تَهزمِني عَواطِفي المُتقلِبة، أحيانًا أشعرُ أنني أملكُ كُل شَيء ومرةً أُخرى أشعرُ أنني أفقدُ كُل مَا امتَلكتهُ وَاحدًا تِلوَ الآخر حَتى نَفسِي أفقدها، أفقدُ روحِي المَرحة وضِحكّتها الخَلابة أفقدُ نَقاء ابتِسامتي، يَتسَلل إليَّ الفَراغُ مِن حيثُ لا أدرِي ويُشَوشُ تَفكيرِي، ويُهشِم قلبي، وتتهَمش روحِي.

<u>مُنتصف الليل "جَنَه رَمَضَان"</u>

☆*☆*☆*☆*☆

أشعرُ بِوخزةٍ تَخترقُ قَلبِي كـوخزةِ الإبرة فِي قطعةِ قماشٍ، تَلتفُ ذِكرياتي كَخيطٍ رَفيع عَلى عَقلِي يَشتَدُ ويَشتَدُ حَتى يَشلُ تَفكيري يُداهمُ الألمُ روحِي؛ لِينتشلَها مِن غِبطتها وحُبورها إلى قاعٍ مَليء بِالمُعاناةِ والهَم.

<u>مُنتصف الليل "جَنَه رَمَضَان"</u>

يَا صَاحِبِي إنَّ كُل مَن تَظنُ أنه قَاربُ نَجَاتكَ هو نَفسهُ الثُقب المَوجُود في هَذا القَارب فلا تَثقُ و لا تَنخَدع فحَتمًا سَوفَ تَندم و أَخيرًا الثِقَة و التَعلقُ في غَيرِ الله مَذَلة .

<u>مُنتصفِ الليل "جَنَه رَمَضَان"</u>

☆★☆★☆★☆

جَريحٌ أنا مِثلَ العُصفور أطيرُ بَينَ طَياتِ صَفحاتي الحَزينة أكتبُ أَحزانِي بدَمعِي، أنىَّ لي أن أُزَقزِق زَقزَقة العُصفور وأنا تائهٌ بَينَ السُطورِ والكَلمات النَابعة مِن بَينِ ثَنايا قَلبِي المُمَزق، أحاولُ تَضميدَ جُروحِي بكلماتي ولكنها تَخرج عَن طَوعي وتُمَزقها إربًا مرةً أُخرى.

<u>مُنتصفِ الليل "جَنَه رَمَضَان"</u>

بِئْسًا لِذلكَ الحُزن الذي يَتملكُ روحِي، يَتغلغل بين ثَغراتِ الخَوفِ التِي تَكمنُ في قَلبِي، هَذه الثَغرات هِي ثَغرات الخوفُ مِن المُستقبلِ، الخوفُ مِن التَقدم إلى الأمامِ، الخَوف مِن السَعْي بلا هدفٍ، الخَوف مِن أن يُصبح حلمَ الأمس ذِكرَى حَزينَة عَابرة.

مُنتصف الليل "جَنَّه رَمَضَان"

☆*☆*☆*☆*☆

اليومُ قَالَ لِي أبِي أنني أسوأ أفرادَ العَائلة ولَكِن لِماذا؟

لِماذا أَنا الأسوء؟

هَل قَتلتُ أحدًا هَل ارتَكبتُ اثمًا عَظيمًا أم هَل فَعلتُ ذَنبًا غَير مَغفُور، أو هَل قُمتُ بِخَطيئةٍ كُبرى، يا أبتِي لِمَاذا باسم كُل هَذا انا إنسانٌ يُخطِئ ولَستُ مَلكٌ مَعصومٌ مِن الخَطَايا جَميعُنا نُخطِئ تَارةً ونُصلحُ مِن أنفُسِنا تارةً أخرَى، حَقًا سُحقًا لَهَذِه التَفرقة وهَذا الحُب المُزَيف.

والله إنَّ الشَوقَ يُحاوطني كَالخَاتِم الذي يُحاوطُ اصبَعَ صَاحِبَه يَتربصُ بي كُل ليلةٍ لا ألبثُ حَتَى أنامُ؛ لِيأتي إليَّ ويُشعلُ نِيرانَ المَاضي ثُم يَأتي النَهارُ وأصبِح لأرَى أهدَابِي مُتسِبخةً بالدَمعِ، أسفلُ عَينَاي مَليء بِالظلامِ القَاتِم الذِي يُشبه ظَلام نفسِي وقَلبِي.

<u>مُنتصفِ الليل "جَنَّه رَمَضَان"</u>

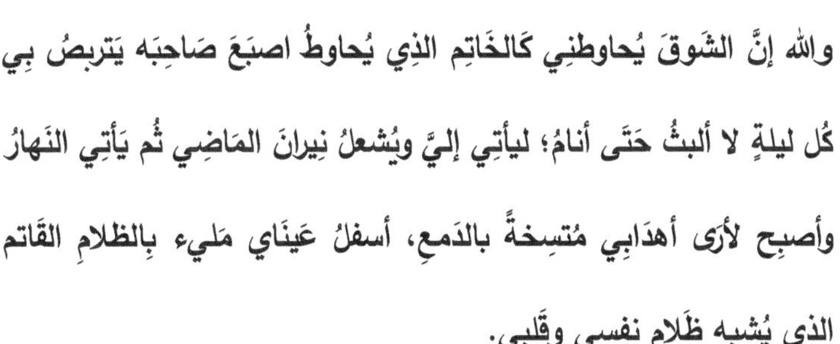

☆*☆*☆*☆*☆

أصبَحتُ أتقَبلُ الإسَاءة بقلبٍ رَحِب أضحكُ عِندما يُنعتُني مَن أحِب بألفاظِ السُخرية المُتباينة، قَالُوا عَني عَديمة الفائدة ولكِن هَل يَعلَمُون مَا مَررتُ بِه مِن مُعاناةٍ فِي هَذا السِن المُبكِر، مُعاناة لو بَقيتُ أمَدَ الدَهرِ أحاولُ شَرحهَا لَن أوفِيها مِعشار واحد، مُعانَاة الفقدِ وفراقِ الأحبة، مُعانَاة الشُعور بِالذنبِ وكَسرِ الخَاطِر ونُكران الجَميل إلخ... لَقد قَاموا بِكسرٍ كَبيرٍ لي ولا أظنُ الكُسُور تُجبرُ.

<u>مُنتصفِ الليل "جَنَّه رَمَضَان"</u>

مَضغوط نَفسيًا، مُتعب جَسديًا جَفت دموعي، أَتألم كَثيرًا، أُفكرُ أكثر، مَهمُوم أشعرُ بِالضَعفِ، حَياتي تَعيسة، أيامِي كَئيبةٌ بائِسةٌ، أكرهُ ذاتِي وما أَدارَك ما كُرهُ الذاتِ لِنفسِها، أعيش ولا أعيش، أنزفُ طموحِي، إنني لا أنتمِي لهذَا المكان ولا لهذا الزمان.

مُنتصف الليل "جَنّه رَمَضَان"

☆*☆*☆*☆

باله إنِي أخافُ أن أُقابلَ الله بِذنوبِي تلكَ وحَياتِي هَذه، ونفسِي التِي كَثُرت شَهواتُها، وحَالِي هَذا ومَا أدراكَ مَا حَالِي، أنهكتنِي المَعَاصِي وغَرتنِي دُنياي حَتى صَارَت نفسِي ضَعيفةً لَينة تَهونُ عَليها الخَطِيئة كَما لَو أنها شَيء اعتَياديّ لِستمتِع، تاله يَا رَباه أنِي أُريدُ العَودَة والتوبَة إليكَ فَاللهُمَّ عَونَكَ.

مُنتصف الليل "جَنّه رَمَضَان"

حَولي أصدقاء كَثيرون لكِن أنا لا أرى سِواهَا هِي الوحِيدة التِي عِندمَا أحتَاجُها أجدُها، هِي مَن عَانت مَعي، هي مَن ألجَأ إليها فِي الضَّراء وتكُون مَعي في السَّراء، هِي مَن تَعرفُ كُل أسراري تَعرفُ ما يُسعدُني ومَا يُشقِيني، هِي مَن أشاركُ مَعها سَعَادتِي وتَدعمُني في مِحنَتي، هي دَعمي الوَحيد وشَخصِي المُفضل.

<u>مُنتصف الليل "جَنَه رَمَضان"</u>

☆★☆★☆★☆

البِداية وهل تَظن أنها البِداية؟

سَتغرقُ في بَحرِ الأوجَاعِ ولَكنك ستَقوم وستُعاودِ الكَرَّة سَتنجحُ تارة وتَخفِقُ تارةً أخرى لكن لن يُضعِفك هذا بتةً، إلى حدٍ مَا سَيسخر الكَثير منكَ عِندما يرونَ إخفَاقكَ سَيفرحون عِندما يَرون عَجزكَ وضَعفك لكن إياكَ والاستسلام؛ لأن هَذا ما يُريدون حُدوثَه، إياكَ وأن تَقعَ أيها الأبله قُم وانهَض وانفُض عن أحلامكَ الغُبار واسعَى فإنه ليسَ للإنسانِ إلا مَا سَعى.

<u>مُنتصف الليل "جَنَه رَمَضان"</u>

"لا تَنسى أنني بَذلتُ الكَثير كَي لا نُصبحَ غُرباء"

جُملة مازالَ صَدى كَلماتها وحُروفها يَتردد في أُذنيّ لَقد بَذلتُ الكَثيرة والكَثير لكي نبقَى معًا، حَاربتُ الظروف، حَاربتُ مَخاوفي، فَعلتُ مَا بِوسعِي، ولكن في نِهايةِ المَطَافِ لَقد افترَقنا لَقد أُهلكتُ مِن أجلِكَ ولَكنكَ لم تَع ذَلكَ ليتنَا لم نلتقِ لرُبما حِينها لم أكُن لأحزَن هَكذا.

<u>مُنتصف الليل "جَنَه رَمَضَان"</u>

☆*☆*☆*☆*☆

هُنَاكَ أشياءٌ كَثيرة أشعرُ بِها كَالأيادي تُسيطر عَلى عقلِي وتفكيري، أشعرُ وكَأنني حُبيس عَقلي وأفكَاره تتلاعَب بِي الذكريات المَريرة أرى قِصة حَياتي بالأبيضِ والأسوَدِ وكأنها شَريط قَديم أنظر أمامِي وأرَى الجَميع يَتراكضون نَحو أحلامهم وأنَا أقفُ مَكتوفَ الأيدي لا أستطيعُ التَقدُم خُطوةً واحدةً، إنني أسعَى ولَكِن ليسَ لَدي إمكَانية الوُصول.

<u>مُنتصف الليل "جَنَه رَمَضَان"</u>

ضَاعت أماكنُنَا في وسطِ زِحام الدُنيا، ضَاعت ذكرياتُنَا في وسط زِحامِ عُقولنا كَان يُوجد لَنا في كُل مكانٍ ذِكرى فـهُدمَ المَكان واختَفَت الذِكرى تَحتَ أنقَاضِه.

<u>مُنتصف الليل "جَنَه رَمَضَان"</u>

☆*☆*☆*☆*☆

يا صَاحبِي والله إِني لأعلمُ ما تَمرُ به فقد مررتُ بمثلِه مَا هو إلا بعض الحُزن أو لِنقل الكَثير مِن الحُزن وفُقدان الشَغف لَكن بِالله هَوّن عَلى قَلبِك ما نَحنُ إلا عَابرِي سَبيل فِي هذه الدُنيَا والآخرة هِي دَار البقاء كُل شيء سَيُفنَى حَتى حُزنك هَذا كُل شَيء فَانٍ إلا وَجه ربكَ فقُم وارفَع يدكَ نَحو السماء راجيًا بَاكيًا، واستقم كَما أمرتَ تَستقم حَياتك.

<u>مُنتصف الليل "جَنَه رَمَضَان"</u>

ثُم لم يَبقَ أحدٌ، لَم يَبقَ أحدٌ مَعِي، عِشت أيامًا صَعبة بَعد مَمَاتك عِندما قَالوا لي لَقد انتهَى شَعرتُ حِينها أنني انتَهيت أيضًا، لقد رَحلت ورَحلَت معكَ كُل السَعادة والحُبور بِداخلي.

<u>مُنتصف الليل "جَنَه رَمَضَان"</u>

☆*☆*☆*☆*☆

ومَا هي إلا أيامٌ ثِقال على قَلبي سَتمُر مِثلما مَر غيرُها من أيامٍ كَئيبة فَكَما تَجَاوزتُ أمس سَأتجَاوزُ الغَد والحَاضر، لا الخَوفُ سَيقَيدُني ولا المَاضي سَيُوقفُني.

<u>مُنتصف الليل "جَنَه رَمَضَان"</u>

يُجاورني طَيفُهم أشعرُ بِهم بِقربي

أرى وُجوههم مَعكوسةً فِي كل مكان وزمان فِي كل ثانيةٍ ودَقيقَة ذِكراهُم مَحفورة فِي عَقلي، لَحظاتي مَعَهُم مَنقوشة في قَلبي كَالنقشِّ عَلَى الحَجر.

<u>مُنتصف الليل "جَنَّه رَمَضَان"</u>

☆*☆*☆*☆*☆

ومَا بُكائي سيُرجعُ أحِبائي

غَابُوا ولم تَغِب ذِكرَاهُـم

غَابُوا ولم تَغِب مَلَامِحَهُم

غَابُوا ومَا غَابوا عَن قَلبِي

أستشعرُ وُجودَهُم حَولي ألا كُل شَيء مَا خَلا بُعدهم عَني أتحَمله.

<u>مُنتصف الليل "جَنَّه رَمَضَان"</u>

سُوء الظَّن مَرَضٌ يَقتِل كُل شَيء جَميل

لِمَاذَا يُسِيءُ الظَّنُّ بِنَا هَل فَعَلنَا شَيئًا يَستحقُّ هَذِهِ الإِسَاءَةَ البَلهَاءَ، أَم أَنَّ صَمتَنَا هُوَ الذِي دَفَعَهُم إِلَى هَذِهِ الإِسَاءَةِ مِرَارًا وتَكَرَارًا لِلأَسَف هُم لَا يَعرِفُونَ نَقَاءَ قُلُوبِنَا فَقَطْ يُقِيمُونَكَ مِنَ المَظْهَرِ الخَارِجِيّ لَا الداخِلِيّ وَلَا يُدرِكُونَ أَنَّ بِدَاخِلِكَ جَنةً رَغْمَ أَنَّنَا دَائِمًا نُطِيب قُلُوبَهُم و نُجبُرُ بِخَاطِرِهِمْ لَيسَ؛ لِأَنَّنَا نُرِيدُ المِثْلَ تَاللَّهِ لَا، بَل نُرِيدُ أَن نُوصِلَ لَهُمْ أَنَّهُمْ ظَلَمُونَا لَا أَكْثَرَ أَو أَنَّنَا نُرِيدُ قَوْلَ أَنَّ الكَلِمَةَ الطَّيِّبَةَ صَدَقَةٌ فَلَا بُدَّ مِنْ اخْتِيَارِ الْكَلِمَةِ الصَّحِيحَةِ فِي الوَقتِ وَالْمَكَانِ الْمُنَاسِبِ، لَكِنْ مِنَ الآنَ وَصَاعِدًا عَاهَدتُ نَفْسِي أَنْ أَعِيشَ حَيَاتِي عَلَى كَامِلٍ وَاجَهَهَا تَارِكَةً لِلنَّاسِ اثم الظُّنُون.

<u>ضُحى شعبان</u>

☆*★*☆*☆*☆*★*☆

لابدَّ أَن تَبتَعِد عَن كل مَا يُعكِر مَزَاجِك سَواء كانَ أي شيء عليكَ أَن تَنفرِدُ بِكل ما تَتمنى، بِحريتكَ بِأي فِعل أو عَملٍ حَتى تَبقى عَزيزًا دَائمًا حالكُ مُيسر في كُل تعثراتٍ مَررت بها، لا تَتوقف عِند كل كلمةٍ قِيلت الكلام لا يقضِي ولا يَنفع في حالُنَا هذا، كُن مُنصِتًا فقط للنصَائح الغَالية التي سَتُيسِر حَالكَ لا عليكَ بِالباقي عِش يَومَكَ كأنه اليَومُ الأول والأخير لكَ حيثُ يقول ويليام شكسبير:"إذا أردتَ تبقى عَزيزًا ابتعِد عن كل مَا لا يُقدر قِيمتكَ".

<u>ضُحى شعبان</u>

"جميلة حتى في حزنها"

وكأنَّ الجَمَال فِي عَاصِمَتها صَمِيم، النَظر إليها يَشِفي ألفَ جَسَدٍ ويُنْسِينَا ألفَ مُرٍ ويُزِيلُ عَنَّا زِمامَ الأيَّام، جَميلة فِي كُل حالتك حَتى فِي أسرك والاستِبداد والظُلم، دَائمًا مَا تُشبهين القمر فِي تنهيدتة اللَيلية ونَحنُ النجوم؛ لِنُضِيء لكَ العُروبة ويومًا ما سَيتحد الوجود.

ضُحى شعبان

☆*☆*☆*☆*☆

الذكريات

كلُ مِنَّا يَعيشُ تفاصيلَ حَياته كَمَا يُريد، ولدَيه الكثيرُ مِنَ الذِكرياتِ الجَميلة والسيئة بكلِّ تفَاصِيلها أحيانًا يَسرِد ذِهننا بَعض الجَميلَة التِي حَتمًا مَا لا نَستطيع نِسيانَها مرّ الكِرام، أمَّا عَن السَيئة أعلمُ أنها تُميت قُلوبنا ولكن للأسفِ الذِكريات الجَميلة طويلة والسَيئة أطوَل، وأهٍ من ذكرياتِ الطفولة التي نعشَقُها بكلِ تفاصِيلها، لَيتَنا لم نَكبر ومازِلنا صِغار حتى الآن هَكذا تكون الذكريات تُبكِينا أجملها وتُضحِكنا أقسَاهَا.

ضُحى شعبان

مَهَرَهُنَّ أَلاّ تَقُص أجنِحتُهنَّ

المَرأة نِصف المُجتَمع هِي لَيست يومًا ولا شهر هي عمرًا وحياةً بِأكملها؛ لذلكَ لا نَضعها فِي مقارنةً مَع غَيرها ولا تُحزنها، علينَا أن تُسعدها دَائمًا {حيث قال الرسول صلى الله عليه وسلم} *"استوصوا بالنساء خيرًا "* مَهرهن ألا تعيرهن بعيبٍ تستثنيهن دَائمًا؛ لأنَّ المَرأة خُلقت من ضلع الرّجلَ وألاّ تَقُص أجنحتهُن، يَجب أن نداوي لهنَّ جُروحهن، لا نَمسهن بسوءٍ حتى يعلموا أن الدنيا مَا زلت بخيرٍ.

<u>ضُحى شعبان</u>

☆*☆*☆*☆*☆

اللّهم حبك

أُريدُ أَنْ يُحِبّنِيَ الله إِنَّهَا الرَّغبَةُ الوَحِيدَةُ وَالأَكِيدَةُ الَّتِي تَضمَنُ لِي حُبَّ الْحَيَاةِ أَعْلَمُ أَنَّنَا جَمِيعًا نَمرُّ بِلحَظاتٍ مَريرَةٍ وَكُلُّ وَاحِدٍ مِنَّا يَمرُّ بِتَجرِبَةٍ يَرَى نَفسَهُ يَقِفُ بِمُفْرَدِهِ لَكِنْ دَائمًا وَأَبَدًا يُحَاوطُنَا الله بِستِرِهِ وَكَم مِنْ مَرَّاتٍ وَقَعنَا فِيهَا وَنَهَضنَا مَرَّةً أُخرَى بِفَضلِهِ؛ لأَنَّ الله هُوَ الأَمَلُ الَّذِي نَأْمَلُ فِي شَيءٍ مُعَين فَيُحَقِّقُ لَنَا مَا نُرِيدُ وَنَرضَى، فَدَائمًا مَهمَا اشتَدَّ بِنَا الحَالُ لَابُدَّ مِنْ شُكرِ الله عَلَيَّ نِعَمُهُ كَمَا قَالَ الله: عَزَّ وَجَلَّ "لَإِنْ شَكَرْتُمْ لَأَزِيدَنَّكُمْ" ويقفِلُ فِي وَجهِنَا بَابًا وَيَفْتَحُ لَنَا أَبوَابًا وَنَكُونُ دَائِمًا مُدرِكِين أَنَّ جَمِيعَنَا لَسنَا فِي نِعْمَةٍ وَاحِدَةٍ بَل أَمدَدَنَا الله بِالكَثِيرِ مِن النِّعَمِ.

<u>ضُحى شعبان</u>

أمي

هِيَ أَمْنِيٌّ، وَأَمَانِي، وَرُوحِي، وَرَاحَتِي، وَرُوحَانِيَّتِي، وَقُوَّتِي، وَمَسْكَنِي، وَسَكَنِي، وَسَكِينَتِي أُمِّي لَيْسَت يَوْمًا وَلَا شَهْرًا هِيَ الدَّهْرُ بِأَكْمَلِهِ هِيَ زُهرَةٌ فَاقَتْ كُلُّ الزُّهُورِ مِنْ أَجلِهَا تَعَلَّمَتُ الكِتَابَةُ عَلَى السُّطُورِ هِيَ تُعَادِلُ العَالَمَ بِأَسْرِهِ العَبِيرِ الَّذِي يَتَلَأْلَأُ فِي وُجُوهِ الْأَبْنَاءِ، أَنْتِ الْحُبُّ وَالْعَطَاءُ وَالْجَنَّةُ تَحْتَ أَقْدَامِكِ، مَعَ كُلِّ تَغْرِيدَةِ طَيرٍ أَسْمَعُ صَوتَكَ الْعَذبَ الَّذِي يُطرِبُ أُذُنَايَ الَّذِي يَمْلَأُهُ أَركَانُ الْمَنْزِلِ حَنَانًا وَاطمِئْنَانٌ لَا أَسْتَطِيعُ نِسْيَانَكَ فِي دُعَائِي؛ لِأَنَّكِ رُوحِي، أُحِبُّكِ يَا أُمِّي حُبًّا جَمًّا يَعْجِزُ عَنْهُ مِلَأُ الْأَرْضَ سَامِحِينِي لَو كَانَ هُنَاكَ أَكْثَرُ مِنَ الْحُبِّ وَالعِشقِ لَهَدَيتُكِي كُلَّمَا احْتَاجَتِي إِلَيهِ.

ضُحى شعبان

اخترت دائما الهروب

دَائِمًا مَا يُزعِجنِي شَيئًا أَهرُبُ عَلى الفَورِ لَا أَعلمُ مَاذا أَفعل ومِن مَاذا أَفِر لَكنِنِي دَائِمًا وأَبدًا أُفضّلُ الهُروبَ مِن كل شيءٍ حَولِي لَا أُحبُّ التَّواجد فِي أَمَاكِنٍ لَا تُنَاسِبُنِي اعتَدتُّ أَن أَترُكَ كُل شيءٍ خَلفِي وأَرحل حتى ولو كَانَ ذلكَ يُزعِج مَن حَولِي لَكِنني أُرِيدُ أَن أَحظى بِراحةِ البالِ قبلَ كل شيءٍ، أَهرُبُ مِنَ الحياةِ التي تُعيد نفس السِيناريو علىَّ مِن جديدٍ، أَعلمُ أَنني سَأتألمُ مِرارًا وتِكرارًا لَكن مَادَام هَذا يُريحني ولن يُؤذي مَن أُحِب سَأتجَهُ إِلَيه دَائِمًا.

ضُحى شعبان

قيل عن الصداقة

الضِّلْعُ الثَّالِثُ الذي لَا يَمِيلُ وَلَا يَتَّكَأُ، هِيَ رُوحِي وأَنَا كُلُّ رُوحِي هِيَ أَنْ تَكُونَ صِدقًا لِلْوَعدِ مُنصفًا دَائمًا تَستمِرُّ لَو طَالَت الْمَسافَاتُ، الصَّدَاقَةُ لَا تُوزَنُ بِمِيزَانٍ وَلَا تُقَدَّرُ بِأَثْمَانٍ، الصديقُ الْحَقيقِيّ هُوَ الَّذِي يُنصِتُ إِلَيكَ في كُلِّ مَرَاحِلِ حَيَاتِكَ سَوَاءٌ كَانَت فَرَحَ أَمْ حُزنَ، الصَّدَاقَةُ لَيْسَت بِالْحُبِّ وَالْعَطَاءُ إِنَّمَا بِالثِّقَةِ وَالْوَفَاءُ بِالْعَهْدِ وَفِيًا بِقَوْلِ أَفْعَالِكَ بِصِدْقِ نِيَّتِكَ وَقَلْبِكَ وَكَمَا يُقَالُ: " الصِّدِّيقُ الَّتِى تَجِدُهُ وَقْتَ الضِّيقِ"، وَمَنْ يَملِكُ صَدِيقًا وَفِيًا يُقَاسِمُهُ كُلَّ شَيءٍ فَكَأَنَّهُ مَلَكُ الدُّنْيَا وَمَا فِيهَا.

<u>ضُحى شعبان</u>

☆*☆*☆*☆*☆

قم وواصل

عَليكَ أَنْ تَسْمُوَ لِتُحلِقَ مِنْ جَديدٍ، مُمتَنًا لِنَفْسِكَ عَلى تَحقيقِ الْفَوزِ وَالصمُودِ كُنَّ فَخُورًا بِنَفْسِكَ دَائمًا فِي حَياتِكَ حَتَّى لَو كَانَ أَقَلَّ إِنْجَازًا صَنعتَهُ، مَهمَا تَعَثَّرت قُم وَوَاصِل وَلَا تَهتَمُّ لِأَرَاءِ الْغَيرِ تَمَاسك وَاعلَم أَنَّكَ سَتَتَحَدَّى الصُّعُوبَات أَنتَ مَنْ عَلَيهِ الْفَرَحُ وَالسَّعَادَةُ بِكُلِّ جُهدٍ قُمتُ بِبَذْلِهِ في مَسِيرَتِكَ وَ سَيُعَوِّضُنَا اللهُ بِهِ جَزَاءَ مَا صَبَرنَا، أَنْتَ مَن يَنشَأُ ذَاتَهُ لِكَي يَنَالَ الْفَوزَ وَيَجْعَلُهَا قَوِيَّةً حَتَّى الْمُعْجِزَاتِ قَرَنَهَا اللَّهُ بِالْعَمَلِ "وَقُلُوا اعْمَلُواْ فَسَيَرَى اللَّهُ عَمَلَكُمْ وَرَسُولَهُ وَالْمُؤْمِنُونَ " وَإِتْقَانُ الْعَمَلِ عِبَادَةٌ حَتَّى فِي سَبِيلِ نَجَاحِكَ.

<u>ضُحى شعبان</u>

وكَأنَّ الحب لا يَليق إلا بِه وكَأنَّ العشق لا يليقُ إلا به وكأنَّ جَمالَ العالم بِأثَرِه خَلَق في عَينَيهِ فإنَّ القلب لا يَنطقُ بِشيء سِوَاه فَهو مَن أدمَنَته الرَوحُ.

<u>هاجر فرحات رمضان</u>

☆★☆★☆★☆

دَعني أقولُ شَيئًا يا عَزيزي الأشياء التي أخبرتكَ بِها أنَها أكبرُ مَخاوفِي وأنِي لا أَستَطِيع تَحملها وأنها سَتكونُ نَهاية كل شيء فِي حَياتِي، يُؤسفُني يا عَزيزِي أنِني قَد كذبت حِينمَا قُولتُ ذَلكَ؛ لأنَّ هَذه المَخاوف لَن تُنهي بي ولكن أنا مَن نَهيتُ بِها وجَعلتها من نهايةِ كل شيء إلى بِداية كل شيء.

<u>هاجر فرحات رمضان</u>

التجَاوز أفضَل شُعورًا مِن المُمكِن أن يَمر به الإنسَان فَكونِك تَتجَاوَز مُوقِفًا أو مُعضِلةً مَا فَهَذا شُعور يُسَاوي الدُنيا؛ لأنكَ لَم تَتجَاوَز مَوقِفًا فَحَسب بَل تَجاوَزت ضَعف وكَسره وقِلة حِيلة، أنتَ تَجاوزتَ شَخصكَ الضَعيف لِتصبحُ شَخصًا قَادرًا على أن يَبدأ مِن جديدٍ.

هاجر فرحات رمضان

☆*☆*☆*☆*☆

ضَع الحَواجِزَ حَول نفسكَ، اغلق الأبوابَ مِن حَولكَ اصنع جِدارًا يَمنع وصُول أي شخص إليكَ لا أحد يَستَحقُ أن يَقتربُ مِنكَ ولا يُوجَد أي شَخصٍ يَستطيع أن يُكمل مَعكَ للنهاية لِذَلكَ اغلق الأبوابَ.

هاجر فرحات رمضان

إنَّ رِقةَ العَالَم تَجَسَّدت بِها وجَمَال الكَون خُلِق فِي عَينِيها وصَفاء الرَوح والقَلب لم يَجْدُ عِند أحدٍ سِواها وكُل شَيء أمامَ حَنانِها ولِين قَلبها يَذُوب فإن قَلبِي مُتيم، أعشقُ جَمالها التِي لم تَلتَفِت له وأُحِبُ تِلكَ النَظَرَات التِي تُعبِّر عَنهَا وبِسَاطَتِها التِي تَجعلها أكثرُ تَميزًا.

هاجر فرحات رمضان

عَقَارب السَاعة تَلدغ أيضًا، قُل لي مَاذا تعرف عن الانتظارِ؟

ألم تَشعُر يَومًا أنَّ الدَقيقةَ تَمرُّ وكَأنها دَهرًا وأنَّ دَقة عَقرب الثوانِي يُؤذِيكَ وكَأنكَ تلقيتَ صَفعةً على قَلبِك وأنَّ الكَونَ تَوقفَ تَمامًا ولا شَيء يَمضِي سِوى عمرك.

ريهام مختار

☆*☆*☆*☆*☆

نَحنُ لا نَبحثُ عَن حَياةٍ مِثَالِية لا تَشُوبها شَائبةً، نَحنُ نَتطلعُ لضوءِ النهار لِشروقِ الشمس لبعضٍ مِن الدِفء فِي اللياليِ الباردة، لِحَلوى السُكر التي لا تُقاوم، ولِقَليلٍ مِن أحلامِنا التِي لم تَتحقَق بعد.

ريهام مختار

مَتى أصبَحنا مسوخ، وكَيفَ تَوقفنا عِن الشُّعور بكلِّ شَيء حَولَنا لِمَ صِرنَا نَتجاهَلُ كل مَا نَمر به أو يَمرُ مِن خِلالنا، أصبَحنَا قُلوبًا تنبضُ بِلا مَشاعِرٍ وجَسدٍ يَتحركُ بِلا طَاقةٍ وعَقلٌ لا يَتوقَّفُ عَنِ التَساؤل "مَتى سَينتَهِي هَذا الهَرَاء؟"

ريهام مختار

☆*☆*☆*☆

لَيتَ مَخَاوِفِي كَانَتْ بَسِيطَةً كَأَحلَامِي أصبَحتُ أَخَافُ كلَّ شَيء مِنْ حَولِي أَخَافُ الْمُستَقْبَلَ رُبَّما يَحمِلُ هُمُومًا فوقَ طَاقَتِي، أَخَافُ البشَرَ فَلَا أعلَمُ مَا فِي أَعْمَاقِهِم مِنْ ظَلَامٍ، أَخَافُ الْأشيَاءَ الَّتِي أجهَلَهَا رُبَّما تَكُونُ حَقَائِقَ مُذرِيَةً، أَخَافُ نَفْسِي وَمَا يَدُورُ فِي دَاخِلِهَا مِن صِرَاعَاتٍ، أَخَافُ أَلَّا يَأْتِيَ غَدًا؛ لِأُحَقِّقَ مَا أحلمُ بِهِ وَأَن تَغْرُبَ الشَّمسُ وَلَا يُضِيء شُعَاعُهَا مَرَّةً أُخْرَى.

ريهام مختار

أعلمُ أنني ذاتَ يومٍ سَأتناول فِنجانًا مِن القهوة عَادي مِثل مَا أعُده دَومًا لكنه سَيكونَ ثَقيلاً ومُرًا هذه المَرةِ حتى رَائحته سَتُسبب لي الغَثيان سَيجعلُ ضَربات قلبِي تَتسَارَع وأنفَاسِي تُصبح أبطأ، سَيجعلني أتصَبب عَرقًا رَغم برودةِ جَسدِي الغير طبيعية، سَيقتلني ذاكَ الفِنجان، ليسَ مَنطقِي أن يَتسَبب فِنجانًا مِن القهوةِ فِي المَوتِ لَكنني أؤمن أنه مُقدَّر لي دَائمًا أن أموت بِسببِ شيء مَا أُحبه، كمَا فعلت مِرارًا وتِكرارًا.

ريهام مختار

لا أحدٌ يَستَحق أن نَضحِي بِأنفُسِنا مِن أجلِه وإذا قَالَ لكَ أحدًا أنه يُحبك فاعلَم أنهُ كَاذب فابتعد عَنه أفضل حَتى لا يَنجَرح فُؤادك؛ لأنَّ مَن يُحبك سَيظل يُعافر معكَ في الحَياة مَهما كانَ الظُروف سَيظل معكَ و بِجانِبك ولن يَضعَ أمَامه أي حُجج وَاهية لِيتجنَب قُربك لا تَثق في مَن يقولُ لكَ أُحبك ابتعد عَنه حتى لا يتأذى فؤادكَ، فلا يُوجد غَيره يُشعرنا بالسعادةِ فلا داعي لخسَارَته عَلى من لا يُشبهنا في الزمنِ الأليم.

<u>خلود أحمد محمد</u>

☆★☆★☆★☆☆

لا أدري مَا الذِي أشتِاقه ففؤَادي أصبحَ حَائرًا هَل اشتاقَ لنفسه القَديمة التِي كَانت بَريئة يلِهو مرتاح البَال ولا يُشوبه الهُموم أم مَاذا؟

أم أنه يريدُ من يَكتَنفه بِداخله ويَحتويه؛ لِيشعرُ بِراحةٍ ولكِن يَخافُ مِن مَكائِد قَد تَحدثُ مَعه ووقتها يَنكسر فلا يَستطيع إلمام مَا تمَّ كَسره وشتاته فأصبح يَخاف التَعلُّق والاقتِراب مِن أشخاصٍ يَصنعون له الأوهام ولا يَهمهم مَشاعره فَهو لا يُحب القسوة وإن ينشر قَسوته عَلى الآخرين؛ لأنه إن أصبحَ قَاسيًا فَلن يَتركُ الآخرين بِسلامٍ؛ لذلكَ فضل الصَمت والاجتناب ولَكن يَخشى أن يَكون وحيدًا، فلا يَدري ماذا يفعل ألن تنتهي هَذه الحِيرة يومًا مَا؟!

<u>خلود أحمد محمد</u>

كيفَ أَصِف عِشقِي لكَ وريحكَ يلمسُ وَجنتِي وأشعرَ بِحنانِك حَتى في بُعدِي عَنك، أُخاطِبك بِخَواطِري فَترسِل إليَّ رَدكَ مَع الريح ويَمر بالبلادِ؛ لِيَصل إلى رَدك فَأعثر فِي رَدك عَلى الاطمِئنانِ وتَقولُ لِي اصبِري عَلى البَلاء فَمع الوقت سَتعرِفين أنه كانَ الأنسبُ إليكِ وسَتكونين الأفضل بِإذن ربِي وربك، فأرسلتُ له سَلامِي وقلتُ له اشتقتُ لكَ وأُريدُ أن أبقى معكَ لِي أنا بِجانبكَ حتى لو ابتعدتِي سَتشعرينَ بِي ومَع الأيَام سَنلتقِي وتحكِي مَا بِخاطرِكِ لِي وأهون عليكِ مَا مَررتِي به مِن عَقبات.

خلود أحمد محمد

★٭☆٭☆٭☆

لا تَحزن مِن أصدقَائك عِندمَا يَنشَغِلون بِحياتِهم فَدائمًا يَكونُ هُناكَ شَخص واحد يُفَكر بكَ وأنتَ لا تَدرِي مَن هُو فهو الذِي يَسأل عَنكَ دَائمًا فِي كلِّ أوقَاته ويَكُون سَعِيدًا عَندَ مُلاقَاتِك أو التَحدُث مَعكَ فِي أي وَقت فلا تَحزَن هُناكَ دَائمًا شَخص يُحبُ الاستِمَاع إلَيكَ فِي أي وَقتٍ يُناسبكَ وهُو لا يَحزن عِندمَا لا تَتحدَث مَعه كَثيرًا ولَكنه يُحب الاطمِئنان عَليكَ فقط.

خلود أحمد محمد

وأخِيرًا لقد ذَهبت لِمن أهواه فقد كانَ البُعد عنكَ ضَنك وفِي قُربِك لا أحتاجُ لطبيبٍ؛ لكي أشتكي له مَا يدورُ في فُؤادي فأنتَ تَسمعني ويرود على عليلك وتَضمني وتَجعلني أغفو في جَوفِك الذي لا يَكل ولا يمل مني مَهما طالَ الحديثُ مِني، كم أتمنى أن أبقى دَائمًا بِجانبك ولا أتركك وحدك حَتى تعود الذكريات مرة أُخرى ولا نَنساها ولكن مع الأسف إن للضرورة أحكام ولكن سَتظل أنا وأنتَ حالة شَاذة لا يَستطيع الإنس فِهمها مَهما طالَ الزَمان سأظلُ معكَ حتى وإن أبعَدتنا الأيام.

<u>خلود أحمد محمد</u>

☆*☆*☆*☆*☆

لِماذا هذه الحِيرة دَائمًا لا أعرف أن أكَون نفسِي في مَكانِي مَا الذي أريدُه مَا الذي أشتَاقه وأحتاجه مَا هُو هَدفِي فِي الحياةِ، مَشاعرٌ مُبعثرةٌ أريدُ إلمَامَها وصراعٌ بِداخِلي يُريد الرَاحةَ ولَكن كَيفَ؟

أسئلةٌ كثِيرةٌ تَجول بِخَاطِري تريدُ فقط الحل، سِنًا بِطبيعَته مُحيِّر رَغم النُضج ولَكن مِن بعدِ الحِيرة يُوجدُ الثَباتُ على الرأي ولِكل مِنَّا صِراعَه باختِلاف المَواضيع ومِنها مُشابه ولَكنها أساس الحياة وتَكوين الشَخصِية؛ للسير بها حتى يَحل معاد الفراق عنها.

<u>خلود أحمد محمد</u>

قَد يُعطِينَا الغِيَابَ الطَّوِيلَ عَن أشخَاصٍ نَحبهُمْ صَبرًا جَميلًا؛ لِكَي يَعُودَ وِصَالُهُم مَرَّةً أُخْرَى وَهُم يَعْتَقِدُونَ أنَّنَا سَنَنسَاهُمْ وَلَكنَّهُم في القُلُوب لَنْ يَغِيبُوا وَلَكِن في بَعضِ الأَحيَانِ يَكُونُوا هؤُلَاءِ الأَشخَاص بِالنِّسبَة لَنَا هُم الهَوَاءُ الَّذِي نَتَنَفَّسُهُ، مُدَّةً طَوِيلَةً نَشتَاقُ إلَيهِم أكثَر مِمَّا نَكُونُ مَعَهُم فَأنْتُمْ في القُلُوبِ مِثلَ القَهْوَةِ الَّتِي تَقُومُ بِتَعْدِيلِ مِزَاجِنَا وَتَرْكِيزِنَا مَعَ مَن نُحِبُّ أنْتُمْ في البَالِ وَالْقَلبِ دَائِمًا أمَامَنَا نَرَاكُم وَلَا تَغِيبُوا عَن الْعَينِ أبَدًا.

<u>خلود أحمد محمد</u>

☆*☆*☆*☆*☆

الوَقْتُ يَمُرُّ وَالسِّنِينَ تَمرُّ وَبَينَ ذَلِكَ وَ ذَلِكَ عُمرًا يَمُرُّ وَلَا نَدرِي عَلَى مَاذَا سَنَمُرُّ؟!

وَمَا مَرَرْنَا بِهِ في المَاضِي فَاتَ عَالِفُؤَادُ وَكَأنَّهَا يَومٌ فَاتَ عَلَى خَوَاطِرِنَا مِثلُ المَيَاهِ جُزءٌ مِنهَا عَذبٌ وَالآخَرُ مِلْحٌ أُجَاجٌ وَالدُّنيَا تَدُورُ وَنَحنُ بَينَهَا مِثلُ اوْرَاقِ الزُّهُورِ تَتَطَايَر مَعَ الرِّيَاحِ وَهُنَاكَ مَن يَظَلُّ عَلَى مَبْدَئِن حَتى لَا يَدُورَ في دَوَّامَةِ الرِّيَاحِ وَنَتَمَنَّى أن نَظَلَّ ثَابِتِينَ في هَذِهِ الْحَيَاةِ.

<u>خلود أحمد محمد</u>

أَحيَانًا يَكُونُ الإِنسَانُ عِندَمَا يَرسُمُ الابتِسَامَةَ عَلَى وَجهِهِ أَغلَبَ الوَقتِ، فَلَا تَعتَقِدُ أَنَّهُ فِي غَايَةِ السعَادَةِ فَهُوَ لَا يُرِيدُ أَنْ يُعَكِّرَ مِزَاجَ الآخَرِينَ بِمَشَاكِلِه فَهُنَاكَ أُمُورٌ يَصعُبُ عَلَى المَرءِ أَنْ يَقُولَهَا وَيَصعُبُ عَلَى القَلبِ تَحَمُّلُهَا؛ لِذَلِكَ إِذَا رَأَيتَ أَحَدًا سَعِيدًا وَلَا يُرِيدُ سَمَاعَ شَيئًا مُحزِنٍ فَأَحيَانًا السُّرُورُ، وَالابتِسَامَةُ، وَفَرحَةُ الآخَرِينَ مِنْ حَولِكَ تُعِيدُ لَكَ الحَيَاةَ مَرَّةً أُخرَى بِأَمَلٍ وَتَفَاؤُلٍ جَدِيدٍ وَفَرحَةٍ لَن تَستَطِيعَ تَعوِيضَهَا.

خلود أحمد محمد

☆★☆★☆★☆

نُعَافِر مُنذُ الصِغَرِ تُعَلِّمُنَا الحَيَاةَ فَلَا نَدرِي مَاذَا سَيَحِلُّ بِنَا وَلَكِنْ أَملَنَا فِي اللهِ قَوِيٌّ وَبَينَ ذَلِكَ وَذَلِكَ عُمرًا يُحتَسَب وَفُؤَادٌ بِدَاخِلِهِ صِرَاعٌ عَلَى بَقَاءِ مَنْ حَولَهُ بِجَانبِهِ فَلَا يَعرِفُ كَيفَ وَلَكِنْ يَأمُلُ الخَيرَ وَيَتَمَنَّى الوِصَالُ، فَاحِسَاسُ المَسؤُولِيَّةِ أَصبَحَ شَدِيدًا وَسَيَكُونُ هَيِّنًا بِجَانبِ مَنْ يُحِبُّونَنَا وَ يُسَانِدُونَنَا وَاللهُ خَيرُ أَنِيسٍ.

لَعَلَّ اللهَ يُحدِثُ بَعدَ ذَلِكَ أَمرًا.

خلود أحمد محمد

خَيرٌ خَلْفَ شَرٍّ لَمْ نَكُنْ نُدركُهُ

لَيْسَ كُلُّ مَا يَتَمَنَّاهُ الْمَرءُ يُدركهُ لَيسَ كُلُّ شَيءٍ نَتَمَنَّاهُ يَأْتي وَلَا كُلُّ شَيءٍ سَنَسعى إِلَيهِ تَنَالُهُ، فَاللَّهُ يَرى الصَّوابَ لَنَا وَأَوقَاتٍ نُريدُ شَيءٌ مُعَيَّنٌ ولَمْ نُدركْ أَنَّ الشَّرَّ يُوجَدُ بِهَا، فَاللَّهُ يُبعِدُهَا عَنَّا وَيُعَوِّضُنَا بِأَفْضَلَ مِنْهَا حِينَهَا نَحْزَنُ كَثِيرًا وَنُرَدِّدُ كَيْفَ حَدَثَ ذَلِكَ كُنتُ أَدعِي الله طَوَالَ الوَقتِ كُنتُ أَتَمَنَّى أَنْ يُحدِثَ مَا فِي خَاطِري وَلَكِن مَعَ الوَقْتِ سَنُدركُ حِكمَةَ اللَّهِ فِي بُعدِ ذَاكَ الشَّيءِ عَنكَ؛ لِأَنَّهُ يُقَدِّرُ لَكَ الخَيْرَ فِي غَيرِ الشَّيءِ الَّذِي كُنتَ تَتَمَنَّاهُ.

منار منير

☆★☆★☆★☆☆

حديثُ النفس

احذَرو مِن الشَّيء الذِي تَقُوله لِنَفسكَ؛ لِأنَّ كل شَيء تَقُوله لِنَفسِكَ يَحدث إذا كانَ خَيرًا أو شَرًّا، إيجَابي أو سَلبي لا تَستمِعُ إلى الأغاني الحزينة ولا أشياء حزينة فَكُل مُتوقَع آتٍ فَتوقَعُوا الخَير ولا تَضعوا أنفُسكم فِي دَوائر الحُزن، قُومُوا بِتغيير أَفكاركَم السَلبية لِلإيجابية وقُولُوا لِأنفُسكم أنكم يَحقُّ لَكُم الفرح والسَعادة وأنكم يَحق لكم الخَير عَلينا أن نتوقعُ الخَير فربُّ الخَير لا يَأْتِي إلا بالخير.

منار منير

الاعتدال

الإنسانُ لا يَجب أن يُعطي لجميعِ الأشخاص كل ما يُريدون كَيفِما يشاؤون؛ لأنَّ ذلكَ سَوفَ يَجعل البعضَ يَشعر بأنَّ هَذا هُو العَادِي والمُتاح ويَعتادونَ الأمرِ يَظنون أنهُ فرضٌ عَليكَ لا كرمٌ ولا حبٌ مِنكَ؛ لذلكَ كُن مُعتدلاً في كل شيءٍ تَفعله وتُعطِيه وكُن واضِحًا في الأخذِ والعَطاءِ.

منار منير

كسر القلوب

إذَا دَخلتم القُلوب فأحسِنوا سُكناهَا فإنَّ خَرابها ليسَ بهينٍ، إذا دَخلتُم حياةَ أحدًا لا تَتَسَببوا في إيذاءٍ نفسِي لَهُم وكَسر خَواطِر، وخُذلان، وقِلة ثقة، وعَدَم أمان لَهُم إذَا نَويتُم أن تَدخلو حَياتهم لأذِيتهم وتَخريب حَياتِهم فَقومُوا بِالبعدِ عَنهم واتركُوهم فِي حياتِهم إن لم تَستَطِع إسعَادهم فَلا تؤذيهم ولا تَحسَبُون كَسر الرَوح هَين وهُو عِند الله عظيم.

منار منير

الحب

الحُبُّ يُصبح شَيئًا جَميلاً وشَيئًا سَيئًا فِي نفسِ الوقتِ، جَميلٌ إذَا أصبحَ الطَرفُ الآخر هُو الطرفُ الأكثر حَماسة ويَفعل كُل شيء لإرضاء الطَرف الآخر؛ لإسعَادها ويُصبح سَيء عَندمَا تَفعل هي كل شيء وهو لا يُقَدِّر شيء ويَراه شَيئًا عَاديًا، الحُبُّ جَميل عِندمَا يُستخدم بِمعناه الصَحيح ويُصبح الطَرفان أكثر حبًّا لبعضٍ.

منار منير

القيام

أتعَافَى كُل يَومٍ لَيلاً فِي السَاعة الثَانية صَباحًا حِينمَا أسجُدُ لله شَاكيًا بَاكِيًا أُنَاجِيه بِمَا حلَّ بِي.

<u>فاطمة ياسر</u>

☆*☆*☆*☆*☆

"تَشهدُ الحَياة عَلى أنني خُذلتُ مِرارًا ولكَن كُل ذَلكَ لم يُوقِفني أبدًا بَل جَعلني شَخصًا طموحًا يُخذل اليَوم ويستيقظ مُجددًا بأملٍ جَديد لم يُوفقني الحظ مرةً وَاحدةً بَل كنت دَائمًا أفعلُ مَا بِوسعِي للنجَاح.

<u>فاطمة ياسر</u>

يَلفتُ انتباهي دَائمًا الأشخاص البُسطاء فِي حَياتِهم، تِلكَ الأشخاص الذِين يَتعَامَلون بِلُطفٍ مَع الآخرين، يَحرصُون دَومًا عَلى عَدم التَعالي في حَديثِهم، تَجدهم دَائمًا يُحبُون الخَير لِمَن حَولهم لا يُوجَد شَر بِداخلهم أنقياء مِن الدَاخل مَهمَا مَر بِهم مِن مَواقف مُؤذية.

فاطمة ياسر

☆★☆★☆★☆

الانتظارُ مُمِيت، انتظارُ الأشياء التِي لم تَتأكد مِن حَقيقتِها فَهي الأصعبُ عَلى الإطلاق تَحتاج إلى عَمل تحكم للتوقف عَن الإنتظارِ، نَفعل كُل مَا بِوسعنَا للنسيانِ أو حتى للتناسي.

فاطمة ياسر

الرُقي دَائِما لا يُميزه سِوى البَساطة فِي أدقُّ تَفاصِيله.

أعشقُ كُل مَا هُو راقٍ ولَكن مَا يُثير اهتمامِي فِي زَمَننِا الحَالِي لِماذا يَربُطون دَائِمًا الرُقيُّ بِكثرةِ الأموال أو التَعري؟

كَونِي دَارسة للتَارِيخ فَقد أعجَبنِي وجَذَب انتباهِي الأميرات والمَلكات في العُصور الوسطى أو مَا نَسَميه بعصورِ الظلام حيثُ كَانت الأمِيرات يَرون التَعري سِمة مِن سِماتِ أبنَاء العامة.

<u>فاطمة ياسر</u>

☆★☆★☆★☆

سَنصِلُ لِكل أهدافنا مَهما تَأخَر الوقَت، فِي النِهاية سَتُشرقُ الشَمسُ حَتى ولو طالَ ظلامُ اللَيل.

<u>فاطمة ياسر</u>

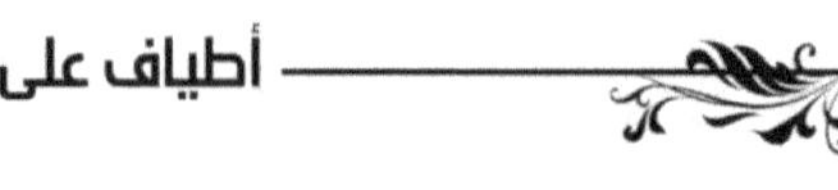

نُرهِقُ أنفسنا كَثيرًا بالتفكيرِ في أشياءٍ لَيسَت لنَا ونَحنُ نَعلمُ مُنذ البِداية بِذَلك، نَأمل بِحدوثِ مَا نُريدُ ولَكن في النهاية يَحدث مَا يُريده القَدر.

<u>فاطمة ياسر</u>

☆*☆*☆*☆*☆

تُخَيرك الحَياة بينَ أمرَين لا ثَالثَ لَهُم

أمَّا أن تَقِف صَامدًا ولا يَهزمُكَ قَولُهم وعندمَا تَسقط تقِف مُجددًا، أو أن تَستسلم و تفقِد كُل شَيء حَتى ذاتكَ.

<u>فاطمة ياسر</u>

تَنتابُ قُلوبنا الصَمتَ أحيانًا فَلم

يَعُد لَدينا القُدرة عَلى الحديثِ خُصوصًا حِينمَا نُدرِك أنَّ الكلام ليسَ له فَائدة

نَصمتُ ويَتحدثُ الصَمت عمَّا نَمر به.

فاطمة ياسر

☆*☆*☆*☆*☆

وكأنَّ كُل شَيء يَقفُ أمَامَ عَينيكَ، ولَكنكَ لا تَعلم مَاذا تَفعل أغلقت تمَامًا وأنتَ مَا زِلتَ تُصارِع لِلوصول كل شيء يُهدَمُ حَولكَ وأنتَ تنظرُ بكلِّ ألمٍ ويَديكَ مَشلولتين غَيرَ قادرٍ للتحَرك فَقد فعلت كل شيء ولكن فِي النهاية لم تُوفق.

فاطمة ياسر

هربُ عِندمَا تَشعُر أَنكَ فقدتَ شغفكَ تجاه كُل شيء فِي الحَياة، اهرَب لأقرِب مَسجد أو لأقرب ركن تَتقرب فيه إلى الله وبَعدها سَتشعرُ أنَّ كل شيء على مَا يُرام.

<u>فاطمة ياسر</u>

☆*☆*☆*☆*☆

لَن تجدَ حُبًا حَقيقيًا إلا مَع شَخص يُحبكَ فاله.

<u>فاطمة ياسر</u>

☆*☆*☆*☆*☆

كُل شَيء تَشعرُ بِه القُلوب عِندَ إلقاءِ الأول، صَحيح فَالقلوبُ صَادِقة.

<u>فاطمة ياسر</u>

سَتدرِكُ يَومًا مَا أنَّ الطَريق الذِي تَعبُرُ مِنه هُو الطَريق الصَحيح رُغم المُعاناة التِي مَررت بِها ورُغمَ رَفضَكَ لِتلكَ الطَريق مِرارًا وتِكرارًا، وَلكن فِي النهاية سَتأمن أن طَريقكَ صَحيح وهُنا نَتوصل لِمَرحلةِ الإيمَان بالقَدرِ خَيره وشَره وأنَّ الله يَختار لكَ الخَير حَتى وإن لم ترَ ذلكَ فِي البِداية ولكِن في النهايةِ سَتُدرِكُ ذلكَ.

فاطمة ياسر

☆*☆*☆*☆*☆

نُدركُ أحيانًا أننا مَازِلنا مُعلقِين بالأشياء، والأشخاص، والأمَاكن مَهمَا مرَّ عَلينَا الزَمان مَازِلنا نُفكِر ونَحلم بِهم، نحنُ نوهِم أنفسنا بالنسيانِ ولكن أرواحنا مُعلقة بِكلِّ شيء.

فاطمة ياسر

كُلنا بِداخِلِنَا خُذلان سَبَبه لنَا بعضٌ مِن البَشَرِ الذِين وَثقنا بِهم وظنَنا أنَهُم كلُّ شيء بِالنِسبةِ لنَا ومَواقِف الحَياة التِي حَطمَت أجزَاءً كَبيرةً بِداخلنا.

فاطمة ياسر

☆*☆*☆*☆

أجواءٌ سَاحرةٌ

مُشاهَدة الغُروب وكَيفَ يَجتَمع الشَمس والقَمر؛ ليسَلم كل مِنهم على الآخر فَيظهر القَمر لكي يَحتلُ الليلَ وسمَاءه ومُشاهدة الغُيومَ لَيلاً وكَيف تظهر النُجوم بِشكلها الرَقيق مَع سَماع صوت الأمواج وهي تَتصادم مَع الشَاطئ بِكلِّ قوةٍ وغُرورٍ كُل ذَلكَ نَعشقه.

فاطمة ياسر

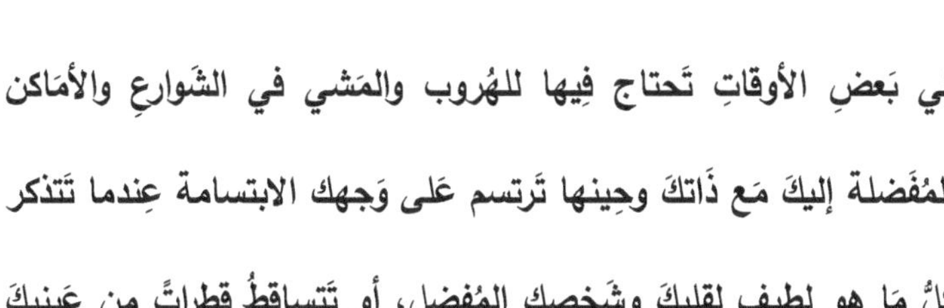

فِي بَعضِ الأوقاتِ تَحتاج فِيها للهُروب والمَشي في الشَوارعِ والأمَاكن المُفَضلة إليكَ مَع ذَاتكَ وحِينها تَرتسم عَلى وَجهك الابتسامة عِندما تَتذكر كلُّ مَا هو لطيف لِقلبكَ وشَخصك المُفضل، أو تَتساقطُ قطراتٌ مِن عَينيكَ عِندَمَا تتذكر كل شيء أرهَقك وهَز أمَانكَ حُزنًا.

فاطمة ياسر

☆*☆*☆*☆*☆

أصحابُ الشخصية ذاتَ المَزاج المُتقَلب رِفقًا بِأنفسكم، فأنتُم أصدق البَشرَ مَشاعرًا وأفضَلهم عَلى الإطلاق.

فاطمة ياسر

بِدَاخِله الحَياة

تَقولُ أحدكُن بِداخلِي إيمَان قَوي يَومًا مَا سَيعشقُني أحدهم عِشقًا صَادِقًا وَقتها سَيُخبر العَالم كَما أحَييت.

<u>فاطمة ياسر</u>

☆*☆*☆*☆*☆

لا تَثِق فِي مَحبةِ بَعضِ البَشرِ فَكما تَعلمُ أنَّ القُلوبَ مُتقلبةٌ. فاليومُ يُحِبك وغَدًا يَهجرك؛ لِذلكَ احرص عَلى مَحبتك لله فَقط، فاللهُ وحده لا يَخذلُكَ ولا يَهجُركَ.

<u>فاطمة ياسر</u>

كُن دَائمًا على وَعي كَامل أنَّ صِحتك النَفسية فِي المُقدمة ثُم أي شيء آخر، فَصحتكَ النَفسية لا تُعَوضُ لا بِسفرٍ ولا بِذهابِكَ لأفخَم الأمَاكن.

<u>فاطمة ياسر</u>

☆*☆*☆*☆*☆

حِينما تُدرِكُ أنَّ المَكان الذِي تُحبه تَغير ولم يَعد كَمَا تُحب فقط غَادِر بِسَلامٍ.

<u>فاطمة ياسر</u>

لا تَبحثُ عَنِ الرَاحةِ في عُمرِ النُضُوجِ، ابحَث دَائمًا عَنِ النَجَاحِ.

<u>فاطمة ياسر</u>

☆*☆*☆*☆

"أنا بِالطَبع شَخص اجتماعِي كَمَا تَعلمون، ولَكن بِداخلي شَخص آخر انطوائِي لا يُجِيد الحَديث بِما يَدور، بِداخِلي حُروب لا يَعلَم بِها أحد سِوى أنا، بداخلِي شَخصَين.

<u>فاطمة ياسر</u>

وجع الفقد

بَعدَ مَوتِ أبي أيقَنتُ أنَّ وَجع الفَقد لا نَستطِيع تُجَاوزه ولَو مَر عَليه دَهرٌ مَا زِالتُ أتَذكَّر يَوم وَفاته عِندمَا احتَضَنتُ أيادِي أبي البَاردة لَعلِي أُعيدُ الدِفءَ لَهُما؛ ظنًّا مِني أنَّه لم يَمُت فَامتدّ بِردهِما لأضلعِي وإلى يَومِي هَذا مَا زِالت رَوحِي تَرتَجِف.

رحم الله أبي

زينب نصحي يوسف

☆*☆*☆*☆*☆

العُمر الحقيقي

الزَمنُ لا يُقَاس بِمرورِ الدَقَائِق والسَاعات بَل بِتَفاصِيله، والرَوح لا تِكبر بِتَقدُم الأيام فالعُمر في تَقويمِ الرَوح لا يَهاب مِن تَجاعِيد الزَمن ولا يَكترث بِعددِ السَنوات؛ لأنَّ أعمَارنا الحَقيقية تُقَاسُ بِحجم مَا مَررنا به مِن تَجاربِ، ومَشاعِرٍ، وأحداثٍ هُنَاكَ أيام كأنَّها سِنين وسِنين كَأنَّها أيام، هُنَاكَ أوقات تُنسَى وكأنها لم تعاش وأخرى تُرَافقنا، هُنَاك لحظاتٍ تعبٍ مَرت كَأنها سِنين وهُنَاكَ وقت من خِفته مَرَّ كَثوانٍ، وهُنَاك مَن أوجَعته الحياة بِحجم السَماء فَما كان له أن يَتحمَل فأصبحَ يَحمِل بِداخِله قَلب عَجوز شَاخٍ قبل آوانِه وهُو لازالَ بِالعشرينات

زينب نصحي يوسف

خَرَس فِكري

وَحيدةٌ أُجَالِس أفكَاري وضَوءٌ خَافِت يُغَازِل عَيني قَد هَرب مِن شاشة هاتِفي أتجولُ بينَ الصَّفحاتِ هذه وتِلكَ، أسَافِر فَوقَ بُساطِ الكَلِمات وأرتَحِلُ، لا أريدُ التَّحدث فَقط أريدُ الصمت، أحيانًا نُصابُ بخرسٍ فِكري فَنغذُو عَاجِزِين عن تفسيرٍ وفَهِم مَاهِية مَا يَتمَلكنا مِن شعورٍ وإحساس ويَغمرنَا الضَّياع فِي دَهاليزه المُعتِمة ويُصيبُنا رِهابَ النُطق بالكَلِمَاتِ أحيانًا يَنبضُ القَلب فقط؛ لِيَضخ الدِماء.

زينب نصحي يوسف

☆★☆★☆★☆

لا تَحسد أحدًا عَلى هُدوئه قَد يَكُون خَلفَ هَذَا الهُدوء دَموع تَذرفها الرَّوح، وقَلب يَأن مِن وَجَعِ الحياةِ حَتى أصبحَ لا يُريد شَيئًا، فقط يَسعى إلى بَعضِ الهُدوءِ وكَثير مِن التأملِ، والأمَلِ، والدُعاءِ بأن يَعود للدُنيا كَما كانَ دون عزم مَهزوم ولا قلبٍ مَكسُور.

زينب نصحي يوسف

التجربة

إنْ لم تُجَرِب كَيف سَتكتَسِب الثِقة وتَكسِر حَاجِز الخَوف؟

كيفَ سَتصِل إلى مَا تُريد؟

كيفَ تَتوقع مِن شخصٍ لم يزر مَكانًا مطلقًا أن يَعرِف عَنه شَيئًا؟

عَليكَ التَجربة والاستَكشَاف قَبلَ أي شيء، عَليك التَجرُبة طُوَال الوَقت دَائمًا تَزداد الجُرأة بِكثرةِ الفِعل حَتى وإن فشَلت فَفي هَذه الحَالة لا يُسَمَى فشلٌ لكن مَطلب للنجَاح، وقَد يَكُون الفَشل مرةً مُقومًا لاعوجَاج دَهر وبِداية لِسَلاسِل نجاح، اقتحَام أرضِيات جَديدة سَيجعلكَ تعرف الأسرار وتَتعلم الدروس بَل والأهم فَلن تخاف من شَيء مثل السَابق، وسَتعِيد التجربة مِرارًا حَتى تَشعر بِالإشبَاع ويُسدل سِتار النجاح ذلكَ ما لم تكن لَتعايشه قَط لو ظَللت واقِفًا مَكَانك ولم تَخُض التَجربة.

<u>زينب نصحي يوسف</u>

لِمَرةٍ وَاحدةٍ انتبه لحَالك ولِهدفكَ الحقيقي يَا رفيقة انتبهِي لِسمُوَ قِيمتكِ الإنسانية، انتبهِي لأخلاق صِفاتكِ ولمُعاملاتكِ، فَتلكَ هِي مَن تَجعلُ لكِ قِيمتكِ الاجتماعية لا تَركضين خلفَ ألقابٍ لتُقدِري قِيمتكِ، يا غالية فانسَانِيتُكِ أغلى.

ندى عمر

☆*☆*☆*☆

لمساتٌ حَانية

ثمة لمساتٍ لَطِيفَة فِي حَياتِنَا لا حَرمَنا الله مِنها، فوجُود لَمسة الاطمِئنان مِن يَدي أمي لا مَثيل لَها ولا قولُ يُمَثل شُعور تلكَ اللمسة، تلكَ اليدِّ الدَافِئة مَا هِي إلا قوة خَفية قَد حَابك الله بها.

ندى عمر

أنَّ من يُطلقون مُسمى الُحب لمُجَرد الشَكل فَحَسب لا يُدرِكُون المَعنَى العَميق لِتلكَ الكَلمة، كَالذي يُحبُّ رِقة الفَراشة ولا يُدرِكُ مَا تَمر به مِن أجلِ ذاكَ أو مَن يُحب الظاهر مِن حَياتِك؛ لأنكَ أخفَيتَ آلامَك ومأساتك، لا أحدٌ يُدرك فترةُ سُكون تِلكَ الفَراشَة ولا أحدٌ يُدرِكُ مُناجَاتِك طول الليل وَحدك.

<u>ندى عمر</u>

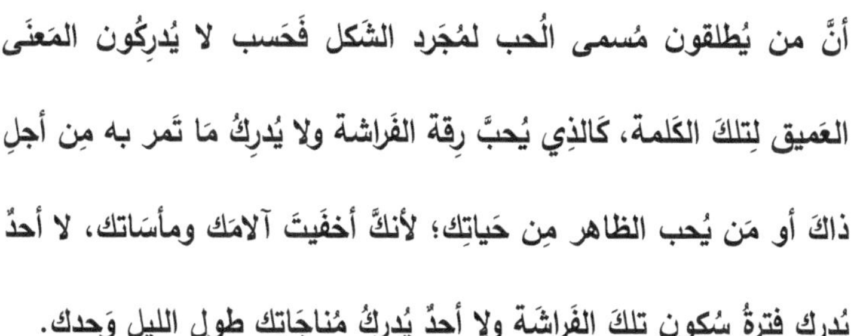

وبَينمَا كُنا نَمرحُ ونَلهو ولا تُهمُنا الدُنيا، كلُّ مَا يُهمُنا هُو الفَوزُ بِقطعةِ حَلوى فِي نِهاية النَهار فَإذَا بِطرقاتٍ على بابٍ خَافِقنا تَسابقنا للفتح ويَا ليتَنا لم نتَسرع فمَا بينَ طَرقةٍ وفَتح ما بين طُفولةٍ وهرمٍ، وتَبدَلَت الدُنيا مِن لَهوٍ ولَعبٍ لِعَمل وضَغطٍ، فَرفقًا بأنفُسنا فمَا تزالُ دَاخِلنا روحُ الطُفولة.

<u>ندى عمر</u>

أُحبكِ يا أنا

السَلام عليكِ يا أنا

أتعلمِين كَم اشتقتُ للحَديثِ مَعكِ، حَسنًا سَأجلبُ لكِ قَهوتكِ الخَاصة ونجلسُ بِمُفردِنا، تَكلمِي ماذا بكِ لماذَا كلُّ هَذا الصَمت عُذرًا؛ لأني مَن أوصلكِ لِهَذا الصَمت بِعدمِ حَديثِي مَعكِ ولَكنِي كُنتُ تَائِهة ولا أدري بِما كُنتُ أتحدثُ مَعكَ ولَكنِي مِن اليَوم وصَاعِدًا لن أتركَكَ تُعانِي مُجدَدًا، أعرفُ أنكِ جَميلة وتَستحقِين كل الاهتِمَامِ.

ندى عمر

أَلَا يَكْفِيكَ أَنْ يَنْبِضَ قَلْبِي بِاسْمِكَ فِي صَلَاتِي فَإِنْ نَبَضَ قَلْبُ أَحَدِهِمْ بِاسْمِكَ فِي صَلَاتِهِ فَأَنْتَ مِنْ سُجَنَاءِ قَلْبِه لَا ضَيْعِكَ وَلَا مُضَيّعُكَ.

<u>ضحى علي لطفي</u>

☆*☆*☆*☆*☆

أَنتَ كَالنهرِ الجَارِي أَنتَ كَالنَجمِ فِي الجُرم كالهالِي أَنت كالقمر العالِي أَنت وكَفى.

<u>ضحى علي لطفي</u>

وَإِنْ سَأَلْتُكَ عَنِ الْجَمَالِ فَقُلِ الروحُ أجمَلُ، وَإِنْ سَأَلُوكَ عَنِ الْحُبّ فَقُل غَابَ عَني، وَإِنْ سُئِلْتَ عَنِ الْمَكِيدَةِ فَقُل بَأسِرَةٌ مُنْهمِرَةٌ، وَإِنْ سَأَلُوكَ عَنْ رَوَائِعِ الدُّنْيَا فَقُلْ مَا مِنْ نَظيرٍ لِرُؤيةِ أَحَدٍ مَا سَعيدٌ، وَإِنْ سَأَلْتَ مَنْ حَوْلِكَ؟

فَرُدُّهم مَا مِنْ جَوابٍ فَكُلُّ شَيءٍ مُحَال.

<u>ضحى علي لطفي</u>

☆★☆★☆★☆

سَأبتسِم مَا دامَ القَلب يَنبض مَا دَامَ العُمر يَمضِي مَا دُمتُ أَتنفسُ، فَأنَا أَفعَلُ وأَستَطِيع.

<u>ضحى علي لطفي</u>

إن طرقَ لكَ بابُ الأمل فادخُله، وإن طَرق بَابُ الصمت اغلِقُه، وإن طرقَ بَابُ الهوى رُده فَلا مرد مِن هوى عَاشِق جَريح.

<u>ضحى علي لطفي</u>

☆*☆*☆*☆*☆

ألا تدري مَن أنا، أنا السُكوت فِي ليلٍ بَاكٍ، أنا الوُضُوح فِي عز صباحٍ بَاكر، أنا النَجم فِي جرمٍ صَغير، أنا القَتيل فِي صَحراء الحُب غَارقًا، أنا ألمَع كَالنجمِ فوقَ المُحيط الهادِي.

<u>ضحى علي لطفي</u>

لا يَفضحُ العَاشِق سِوى عَيناه و اللئيم تَفضحه عَيناه، فاحذَر مِن كِلاهُما لا تَدري مَا أفعلهم ولكِن العَاشق مُحِب فَلَه سذاجة مَنطق.

<u>ضحى علي لطفي</u>

☆*☆*☆*☆*☆

مَا مِن زَهرةٍ إلا وقَد أحبَت سَاقيها فإنَّ السَاقِي إذَا أَرَادَ قَطفُهَا فَقولها لَه لَيسَ لِغَيركَ الحق بِقَطفي فَذاكَ حَرامٌ ألا عَلَيكَ.

<u>ضحى علي لطفي</u>

كَفى كَسره وحَسره كَفى نَدبِه إلا يسرى، فإنَّ بعد العُسر يَسرًا فبين العُسر يُسرين.

<u>ضحى علي لطفي</u>

☆*☆*☆*☆*☆

لا تَحزن مِن أَحبَتكَ بِصدقٍ فَقد سَكنتَ القَلب والروح كُن بِها الفَائز واجعَل بَينكُمَا وِدًا ورِضَا.

<u>ضحى علي لطفي</u>

☆*☆*☆*☆*☆

قَهوتِي التِي أدمَنتها لا أرى لَذَةَ الفَرح إلاَّ مِن يَدَيكِ، فَأَنْتِ إِيكَادولِي وَحدِي.

<u>ضحى علي لطفي</u>

أَيُمكِنك أَن تَكتفِي بِحُوريةٍ واحدةٍ

قال لها: حُوريتي ليسَ مِثلُها أحد سَألبسها سِوار الحُب أبَدَ الدَهر فَمَا رُؤيتِي برؤيتها وحَلاوة مَجلسِها لا فَرقني الله عنها فَإنَها انقلسري.

<u>ضحى علي لطفي</u>

☆*☆*☆*☆*☆

وتتنهدُ أنفاسِي حينَ تُعاد ذِكراكَ فِي بيتِ العائلة وسَهر الأعياد بِضحكاتٍ تتلألأ بِعيونِنا تعودُ الذِكرى بالحنينِ وعُيونِي بَاكية بِأنينٍ لِمَا الحَياة آخذة كُل المُحبين.

<u>ضحى علي لطفي</u>

شَريكَتي بالعمر ألا تَعلمي أنكِ أوناتي ولا لضَوئكِ مَثيلٌ.

ضحى علي لطفي

☆★☆★☆★☆★☆

لا تَحزَن إذَا جَاءكَ سَهمٌ قَاتلٌ مِن أحبِّ الناس إلى قَلبك فَسوف تَجدُ مَن يَنزعُ السَهم ويُعِيد لكَ الحَياة فابتَسِم.

ضحى علي لطفي

☆★☆★☆★☆★☆

تَذكري دَومًا أنَّ الرِجَال مَن يُوفُّون بِالعهودِ فَسَأخذكِ يومًا عَلَى الرمَادي كأنسٍ ومرام فأنتِ أوناتي وحَياتي.

ضحى علي لطفي

الحَياة مأسَاه ومُواسَاة ولَكن لمَن يرى الواقِع عَليه أن يُنسِي الوقتَ الضَّائِع فكَم مِن واقعٍ عِشت وكَم ألم أصبَت وسَببت، وكَم مِن سَعادةٍ صَنعت لغيركَ، وكَم مِن أحدٍ أسعدكَ فانظرُ فِي وَاقعكَ واترُك أوهامَ البَاطِن كُن أنتَ مُحِبًا رَحيمًا طَيبًا ولَكن احذَر أَن تَستغِل طَيبتك وأن يُكسَر قلبكَ.

ضحى علي لطفي

☆*☆*☆*☆☆

ضَعْ ثِقَتُكَ فِي مَن يَستطِيع أن يَرى فِيكَ أربعٌ أشيَاء حُزنكَ خَلف ابتِسَامَتكَ وحُسنِ النِية خَلفَ أفعَالكَ والقُوة عِندَ بُكَائك والمَنطِق خَلَفَ صَمتكَ.

ضحى علي لطفي

طَيفكَ ألقَى فِي خَيالِي وهَمسِي كَلمَاتِي ولَمسِي أَشبهك فِي السِيرةِ الطَيبةِ أشبّهكَ بِودِّ وحُب أبي.

<u>ضحى علي لطفي</u>

☆*☆*☆*☆

لَست مُفارِقة ولَكنكَ تَارك بِرغمِ أَنكَ تَعلَم بِأنَّ لأجلكَ أقطعُ كل الفَيافِ كَفاكَ حُكمًا بأنِي مُفارِقة.

<u>ضحى علي لطفي</u>

يَا صَديقَتي إِني أراكِ كَفَراشَةٍ رَائِعَةِ المَنظَرِ خَفيفَةِ الرَوح مُطلقَةَ الجِناحَين، تَطيرُ بِحُريةٍ بَينَ بَعضِ الزُهُور وتَاهَت بِجَمَالِها بين الزهور لِتشابهِهم فِي الجَمال، فَتَيقنتُ بِأنكِ كَوردةٍ فَوَاحةِ العِطر وكَفَراشَةٍ خَفيفة جَميلة الشَكل والرَوح.

أسماء أشرف

☆*☆*☆*☆☆

صَديقِي

يَا لَهَا مِن كَلِمَةٍ حَقًا القَليلِ فَقط مَن يَستَحِقُّهَا كَلِمَةً يَجبُ أَنْ تُوَجَّهَ فَقط لِمَن يَكُن دَومًا بِجَانِبِنَا في كُلِّ الأوقَاتِ لِمَن يَهتَمُّ بِأحوالِنَا لِمَن يَفعلُوا المُستَحِيلَاتِ؛ لِكَي يَرَونَا نَبتَسِم وَيَشعُرُوا أنَّنَا حَقًّا بخَيرٍ ثِقُوا تَمَامَ الثِّقَة أَن هَذِه الكَلِمَةَ لَيسَت هَيّنَةً لَيسَت مُجَرَّدَ كَلِمَةٍ عَابِرَةٍ، صَديقِي هو حَقًا مَن يُخرِجُنَي مِن أَشَدِّ الضّيقِ لِيُشعِرَ بِأنَّي دَومًا بِخَيرٍ هُوَ الشّخْصُ الَّذِي يَتعبُ لِتَعبِي وَيَفرحُ أَشَدَّ الفَرَحِ عِندَمَا يَرَى أَنَّى أَفعَلُ إِنجَازًا، القَليلُ مَن يَستَحِقُّهَا لَيسَت بِالكَثرَةِ أَبَدًا بَل لِمَن يَثُبتُ أَنَّهُ مُحِبٌّ لَنَا مِن أَعْمَاقِ قَلْبِه وَيَتَمَنَّى لَنَا الخَيرُ وَالأَفْضَلُ.

أسماء أشرف

يَقُولُون بِأَنِّي تَغيرتُ دَعُونِي أُثبِتُ لَكُم بِأَنِّي بِالفِعلِ تَغيرتُ تَغيّرَ تَفكِيري وتَغيَّرَ أُسلُوبِي أِصبَحتُ أَقوى بِكثيرٍ وهَذا التَغيِير لم يَكُن مِن فَراغٍ لَقَد مَررتُ بِالكَثِيرِ والكَثِير كَي تُصبِحَ شَخصِيتِي بِهَذِه القُوة لم يَعُد يُهِمني وُجود أحد من غِيابه؛ لِأَنِي أكتَفِي بِنَفسِي ولا أستنِدُ عَلَى أحدٍ هَكَذا أصبَحتُ أنا ولا يُهمِني أي انتقَادَات.

أسماء أشرف

☆*☆*☆*☆

صَدِيقَتِي

أَعلَمُ جَيِّدًا أَنَّ قَلبَكِ يَعتصِرُهُ الألَمُ، أَعلَمُ مَدَى شُعورِكِ بِالخِذْلَانِ أَوَدُّ إِخبارَكِ أَنَّكِ حَقًّا تَسْتَحِقِّينَ الأفضَلَ دَومًا أَوَدُّ إِخبَارَكِ أَنَّ مَن خَسِرَ قَلبَكِ سَيَندَمُ عَلَى خَسَارَتِهِ عَاجِلًا كَانَ أَم آجِلًا، سَيَعلَمُ لَا مَحَالَ أَنَّهُ خَسِرَ الأَنْقَى وَالْأَفضَلَ كَوِني عَلَى يَقِينٍ أَنَّكِ دَومًا تَسْتَحِقِّينَ الحُبَّ أَنَا هُنَا لِأَجلِكِ صَدِيقَتِي أَنَا هُنَا؛ لِأَضُمَّكِ وَأُشَارِكُكِ كُلَّ شيءٍ حُزْنَكِ قَبْلَ فَرَحِكِ، أُحِبُّكِ صَدِيقَتِي حَتَّى نَشِيبَ سَوِيًّا.

أسماء أشرف

قَالُوا أَنَّ الْأَصْدِقَاءَ سَنَدٌ وَالَّذِي لَمْ يَمْتَلِكْ أَصْدِقَاءَ يَقِفُونَ فِي ظَهْرِهِ فَإِنَّ هَذَا الظَّهْرَ يَكَادُ أَنْ يَكُونَ مَكْشُوفًا، لَكِنِّي سَآتِي لِأَقُولَ أَنْ لَيْسَ كُلُّ الْأَصْدِقَاءِ سَنَدٌ فِي كَثِيرٍ مِنَ الْأَوْقَاتِ الْأَصْدِقَاءُ تَكُونُ مَصْدَرَ الْخُذْلَانِ وَالتَّعَبِ النَّفْسِيِّ، يُوجَدُ الْكَثِيرُ مِنَ الْأَصْدِقَاءِ يَكْرَهُونَ الْخَيْرَ لَنَا وَكَأَنَّنَا أَعْدَائُهُمْ وَيَمْتَلِكُونَ وَيَتْلُونُونَ بِالْكَثِيرِ مِنَ الْأَوْجُهِ، كَلِمَةُ صَدِيقٍ لَا تُطْلَقُ عَلَى أَيِّ شَخْصٍ أَحْيَانًا نَمْتَلِكُ صَدِيقَ وَاحِدٍ فَقَطْ لَكِنَّهُ مَعَكَ يُحِبُّكَ بِصِدْقٍ فَهُوَ أَفْضَلُ مِنْ تِلْكَ اللَّمَّةِ الْكَاذِبَةِ الَّتِي تَمْتَلِئُ بِالْكَذِبِ وَالنِّفَاقِ وَكَثِيرٌ مِنْهُمْ لَمْ يَتَمَنَّوْا الْخَيْرَ لَكَ، اخْتَارُوا أَصْدِقَاءَ نَقِيَّةً مِنَ الدَّاخِلِ.

أسماء أشرف

☆*☆*☆*☆☆

قَسوة أب

كَيفَ تَمَكَنتَ أن تَكونَ بِهذا الْعُنف عَلَى طِفلَتك يا أبي لَم أُرِد مِنكَ أي شيء سِوى أن أستَشعِر مَحَبتكَ لِي أبكِي كُل لَيلة بِشِدةٍ وَيؤلِمُني قَلبِي كَثِيرًا عِندَ تَذَكُّري كُل مَا حَدث مَعِي ومُعَاملتِكَ الْغَير سَوية لي لم أُرِد شيء صَدقني سِوى أن أستَشعِر حنيتكَ وأن أشعُر بِحُضنكَ وأشعُر بِأمَانٍ وأنَا بِدَاخِل أحضانِكَ.

أسماء أشرف

أُمي

أنَا طِفلَتكِ مَهمَا كَبِرتُ أُحِبُكِ فَوق حُبِ المُحِبين أَضعَافًا كَثيرة أَتَعلَمِين مَاذَا إذَا حَدثَ لكِ أي مَكروه أشعُر بأنَّ قَلبِي يَعتَصِره الألم، إن وُجُودَكِ فِي بَيتِنَا هو مَعنى بَهجة البَيت صَوتُكِ مَصدر أَمَانٍ لِي إِنِي أُشبِهكِ فِي طِبَاعِكِ وكُلِّي فَخر بأني شَبِيهَتكِ عَزِيزِتِي.

أسماء أشرف

أَصبَحتُ لا أَتَحَملُ أي نِقاشٍ لا أُرِيدُ تَبرير أي شَيء لأي أحدٍ مَن يُرِيد المُغَادرة فَليُغَادِر ومَن يُرِيد البَقَاء سَيَبقَى مَن يُحِب سَيتَحملُنَا ونَحنُ فِي أسوأً حَالاتِنا فلا داعِي لِخَلق مُبَررات لتَصَرُفَاتِ الآخَرِين؛ لأنَّ مَن أَرَادَ سَيَفعَل ولا شَيء مُستَحِيل.

أسماء أشرف

هَا أَنَا أَشْبَهُ فَرَاشَةً مُقَيَّدَةَ الجَنَاحَينِ لَا أَسْتَطِيعُ أَنْ أَطِيرَ بِحُرِيةٍ تَامَّةٍ أَوْ أَتَأَقْلَمَ عَلَى الأَوْضَاعِ التي تَحكمُنِي وَتَمنَعُ حُرِيَّتِي، لَكِن لَن أَسمَحَ لِشَيءٍ أَن يُقَيِّدُنِي وَسَأُطِيرَ بَعِيدًا بِحُرِّيَّةٍ مُطلَقَةٍ مُحَققَةٍ كُلَّ مَا أَتَمَنى بَعِيدًا عَن هَذَا العَالَمِ وَهَؤُلَاءِ الأَشْخَاصِ الَّذِينَ لَا يَتَمَنَّونَ لِي الخَيرَ.

أسماء أشرف

☆*☆*☆*☆*☆

فِي لَيْلَةٍ مُظلِمَةٍ ظَنُّوا جَمِيعًا أَنِّي نَائِمَة بَينمَا أَنَا هُنَا أُصَارِعُ أَفكَارِي هَا أَنَا فِي السَّاعَةِ الْوَاحِدَةِ بَعدَ مُنْتَصَفِ اللَّيلِ نَائِمَةٌ عَلَى سَرِيرِي بَينمَا عَقلِي لَا يَنَامُ أَتَذَكَّر كُلَّ مَا حَدَثَ مَعِي وَأَبكِي بِشِدَّةٍ إِنَّ كُلَّ مَا تَعَرَّضتُ لَهُ لَيسَ بِهَينٍ كَي أَتَخَطَّاهُ، فَتَذَكَّرونِي فِي دَعَوَاتِكُم بِأَنْ يُهَوِّنَ اللهُ عَلَى قَلبِي.

أسماء أشرف

أَتَذَكَّرُ جَيِّدًا حَدِيثِي مَعَكَ كُلَّ يَومٍ يَا فَقِيدُ قَلبِي، جَدِّي كَمْ أَشتَاقُ لِرُؤيَتِكَ عَزِيزِي أَشتَاقُ لِسَمَاعِ صَوتِكَ أَشتَاقُ لِدَعَوَاتٍ تَصدُرُ مِنكَ وَحدَكَ كَانَتْ سَبَبَ تَوفِيقِي، أَتَعلَمُ أَدعُو لَكَ كُلَّ لَيلَةٍ حَقًّا حِينَ فَقَدتُكَ فَقَدتُ قَلبِي مَعَكَ فَقَد كُنتُ أَحَنَّ الأَشخَاصِ عَلَىَّ أُحِبُّكِ جداً وَأَتَمَنَّى أَن أَلقَاكَ فِي جَنَّاتِ الفِردَوسِ يَومًا.

<u>أسماء أشرف</u>

☆★☆★☆★☆

أَحَدُهُم قَالَ لِي ذَاتَ يَومٍ بِأَنِّي الأَفضَلُ وَأَستَحِقُّ الأَفضَلَ دَومًا وَمُنذُ أَن سَمِعتُ بِذَلِكَ أَصبَحْتُ لَا أَحزَنُ عَلَى أَتفِهِ الأَشيَاءَ تَيَقَّنتُ بِأَنَّ مَن سَيَبتَعِدُ عَنِّي هُوَ الخَاسِرُ وَأَنَّ مَن يُحِبُّنِي حَقًّا سَيَبقَى وَسَيَفعَلُ المُستَحِيلَ كَي لَا يَخسَرَنِي، عَلِمتُ مُنذُ ذَلِكَ الوَقتِ بِأَن أُعطِيَ لِكُلِّ شَيءٍ حَقَّهُ وَأَنَّى حَقًّا الأَفضَلُ؛ لِذَلِكَ لَن أَحزَنَ عَلى شَيءٍ سِوَى عَلَى أُمُورٍ تَستَحِقُّ، لَن أُرهِقَ نَفسِي وَقَلبِي عَلَى أَشيَاءٍ تَافِهَةٍ وَأَشخَاصٍ تَافِهِينَ.

<u>أسماء أشرف</u>

غدرُ الأصدِقاء

مِن مَوقِعي هَذَا أُريدُ أَنْ أَقُولَ لَكُم لَا تُعطُوا الأَمَانَ والسلَامَ لِأَيِّ أَحَدٍ وَتَقُولُوا أَنَّهُ صَدِيقِي وَمِن المُسْتَحِيلِ أَنْ تَأْتِي الأَذِيَّةُ أَوْ الغَدْرُ مِنهُ، لَكِن حَقًّا ضَرْبَةَ الغَدْرِ لَا تَأْتِي إلا مِن الَّذِينَ نَثِقُ بِهِم تَمَامَ الثِّقَةِ وَنَقُولُ حِينَهَا أَنَّهُ مِن المُسْتَحِيلِ أَنْ يُؤذُونَا فَإِنَّهُم أَقرَبُ النَّاسِ إِلَيْنَا، لَكِن نَتَوَجَّعُ كَثِيرًا حِينَمَا تَأْتِي الأَذِيَّةُ مِنهُم؛ لِذَلِكَ أُتْرُكُوا مِسَاحَةً كَيْ تُحِبُّوا أَنفُسَكُم حَتَّى إذَا اتَّخَذَلتُوا مِن شَخصٍ قَرِيبٍ مِنْكُم تَسْتَطِيعُوا أَنْ تَتَعَافَوْا وَتُظِلُّونَ أَقوَى بِأَنفُسِكُم لَيسَ بِوُجُودِ أَحَدٍ فِي حَيَاتِكُم.

<u>أسماء أشرف</u>

☆*☆*☆*☆*☆

عَوَضُ الله أجمَلُ شيءٍ مُمكِن أَنْ يَحدُثَ لِلإنْسَانِ، تَخَيَّلَ أَنْ تَكُونَ فَاقِدَ الأَمَلِ فِي كُلِّ شَيءٍ وَلَمْ تَسْتَطِعْ أَنْ تُعطِيَ الثِّقَةَ لِأَحَدٍ وَفَجأَةً فِي غَمضَةِ عَيِنٍ تَرَى أَنَّ كُلَّ شَيءٍ أَصبَحَ عَلَى مَا يُرَام وَعَوَّضَكَ اللَّهُ بِشَيءٍ كُنتَ تَحلُمُ لَهُ وَتَنجَحُ فِي حَيَاتِكَ وَتَحَقِّقْ مُرَادَكَ، وَيُصبِحُ عِندَكَ أَحلَامًا جَدِيدَةً تُرِيدُ أَنْ تُحَقِّقَهَا وَتَسعَى بِالفِعْلِ لَهَا، فَكُونُوا عَلَى يَقِينٍ أَنَّ مَهمَا اشتَدَّتِ الأُمُورُ فَعَوَّضَ الله سَيَأتِي أَكِيدٌ، أَتَمَنَّى مِنَ الله أَنْ يُعَوِّضَكُم جَمِيعًا وَيَرزُقُكُم الشُّعُورَ بِالسَّعَادَةِ الَّتِي لَم يَكُنْ بَعدَهَا حُزنٌ أَبَدًا.

<u>أسماء أشرف</u>

وَقْتِي مَعَ صَدِيقَتِي لَيسَ بِتَرفِيهٍ عَلَى قَدرِ مَا هُوَ احتِيَاجٌ عِندَمَا أَلْتَقِي بِهَا أُخرُجُ كُلَّ مَا بِدَاخِلِي مِن ضُغُوطٍ حَتَّى لَو لَم أَتَحَدَّثْ هِيَ حَقًّا بَارِعَةٌ فِي أَن تَجعَلَ الِابتِسَامَةُ تَظْهَرُ عَلَى وَجهِي تَفعَلُ كُلَّ مَا بِوُسعِهَا حَتى تَرَانِي بِخَيرٍ أَدعُو اللَّهَ لَهَا أَن يَجعَلَهَا دَومًا فِي أَفضَلِ حَالٍ وَأَلَّا يَمَسَّ الحُزْنَ قَلبَها، فَهِيَ صِدقًا تَستَحِقُّ كُلَّ مَا هُوَ جَيِّدٌ؛ لِأَنَّهَا الأَفضَلُ فِي كُلِّ شَيءٍ.

أسماء أشرف

☆*☆*☆*☆*

وَقتَ حُزنِي تَخَطَّيتُهُ بِمُفرَدِي لَم أَجِدُ بِجِوَارِي مَن أَستَنِدُ عَلَيهِ وأَشكُو لَهُ آلَامِي وَأَحزَانِي كُنتُ فِي أَسوأِ حَالَاتِي وَتَحَمَّلتُ الكَثِيرَ كَانَت فَترَةً تَيَقَّنتُ وَقتَهَا أَنَّ جَمِيعَ الأَصدِقَاءِ فَتَرَاتٌ وَأَنَّ الجَمِيعَ بِدَاخِلِهِم مَا يَكفِي وَلَن أَحكِيَ لِأَحَدٍ هُمُومِي مَهمَا كَانَ مَا أُمِرَ بِهِ صَعبٌ وَيُحزِنُنِي.

أسماء أشرف

"لأحدهم"

دُمتَ لِقَلبِي مَلجأً دَائِمًا دُمتَ سَلامًا يُلازِمُ قَلبِي لَا أَحَدَ سِوَاكَ أَنتَ يَستَحِقُّ الحُبَّ يَا عَزِيزِي، أَتَدرِي أَنَّ كُلَّ القَصَائِدِ لَن تَصِفَ مَدَى عِشقِي لَكَ لَا أَحَدَ يَتَحَمَّلُ مِزَاجِي السَّيِّءِ وعَصَبِيَّتِي سِوَاكَ بَل وَتَفعَلُ المُستَحِيلَات؛ لِتَرَانِي أَبتَسِم مَا أُرِيدُهُ حَقًّا أَن يَجمَعَنَا اللهُ سَوِيًّا وَأَن نَبقَى مَعًا حَتَّى نَشِيب وَبَعدَ المَشِيب فِي جَنَّاتِ الخُلدِ.

أسماء أشرف

"جدتي"

أَشتَاقُ إِلَيكِ حَدَّ السَّمَاءِ يَا عَزِيزَتِي وَ فَقِيدَتِي، أَتَعلَمِينَ أَشتَاقُ لِأَوقَاتٍ كُنتُ أَهرُبُ مِن كُلِّ مَا يُؤلِمُنِي وَآتَى إِلَيكَ، كُنَّا نَجلِسُ سَوِيًّا نَتَشَارَكُ فِيلمًا وَنَتَحَدَّثُ فِي كُلِّ شَيءٍ كَانَ صَدرُكَ رَحبٍ وَحَضنُكِ بِهِ رَاحَةٌ وَاحتِوَاءٌ لَا أَستَطِيعُ وَصفَ كَم الرَّاحَةِ عِندَمَا أَجلِسُ مَعَكِ وَنَضحَكُ سَوِيًا أَتَمَنَّى مِنَ اللهِ أَن تَكُونِي فِي جَنَّاتِهِ تَنعَمِينَ بِنَعِيمٍ أُبَدِي أَتَمَنَّى لُقيَاكِ يَا عَزِيزَتِي وَرُبَّمَا يَكُونُ قَرِيبًا.

أسماء أشرف

"أُختي"

صَدِيقَتِي الأَوْفَى وَالأَحَبُّ أَنْتِ الأَقْرَبُ وَالأَحَنُّ لَسْتِ كَأَحَدٍ أَبَدًا يَا حَبِيبَة فُؤَادِي إِنَّكِ الكَتِفُ لِي إِنْ مَالَت رَأْسِي أَسْتَنِدُ عَلَيكِ لَا عَلَى أَحَدٍ آخَرَ تَيَقَّنِي بِأَنِّي أُحِبُّكِ كَثِيرًا وَأَتَمَنَّى مِنَ الله لَكِ الكَثِيرَ مِنَ السَّعَادَة وَأَنْ تُحَقِّقِي مُرَادَكِ وَأَحْلَامَكِ كُونِي دُومًا بِخَيْرٍ لِأَجْلِي فَأَنَا لَا أُحِبُّ أَنْ أَرَاكِ حَزِينَةً.

<u>أسماء أشرف</u>

☆*☆*☆*☆*☆

وُجُودُ شَخْصٍ يُحِبُّكِ بِصِدقٍ وَيَتَحَمَّلُ تَقَلُّبَ هُرمُونَاتِكَ وَيُقَدِّرُكَ فِي غِيَابِكِ وَحُضُورِكَ وَمُسْتَعِدٌّ أَنْ يَفْعَلَ أَيَّ شَيءٍ لِأَجْلِ أَنْ تَكُونِي سَعِيدَةً، فَهَذَا شَيءٌ لَا يُقَدَّرُ بِثَمَنٍ حَقًّا فَإِيَّاكِ أَذَا وَجَدتِي شَخْصٍ يُحِبُّكِ بِالفِعلِ وَيُقَدِّرُكِ وَمُسْتَعِدٌّ أَنْ يُحَارِبَ لِأَجْلِ عُيُونِكَ وَأَنْ يَخْسَرَ الدُّنيَا وَيَكْسِبَكِ أَنتِ أَنْ تَخْسَرِيَهِ؛ لِأَنَّكِ وَقْتُهَا سَتُدَمِّرِي نَفْسَكِ بِالْفِعلِ.

<u>أسماء أشرف</u>

كُنْ مَعَ الله يَكُنِ الله مَعَكَ

هَذَا شِعَارٌ يَجِبُ أَنْ يَكُونَ بِدَاخِلِنَا جَمِيعًا يَجِبُ أَنْ نَعرِفَ الله فِي السَّرَّاءِ قَبْلَ الضَّرَّاءِ يَجِبُ أَنْ نَسعَى جَاهِدِينَ؛ لِنُرضِيَ الله سُبحَانَهُ وَتَعَالَى فَإِن رَضِيَ الله عَنَّا أَدْهَشْنَا بِعَطَائِهِ وَدَائِمًا يَجِبُ أَنْ نَرضَى بِقَضَاءِ الله وَنَحمَدُ الله عَلَى كُلِّ شَيءٍ يحدُثُ حَتَّى وَإِن لَم نَعلَم حِكمَةَ الله وَنَتَيَقَّنُ بِأَنَّهُ لَو عَلِمْتُمُ الْغَيبَ لَاختَرْتُم الوَاقِعَ؛ لِأَنَّ اللهَ أَرحَمُ وَأَحنُّ عَلَينَا مِن أَنفُسِنَا وَآبائِنَا وَأُمَّهاتُنَا الله رَحِيمٌ بِالجَمِيعِ.

أسماء أشرف

☆*☆*☆*☆*☆

الكِتمَانُ يَا لَهُ مِن شُعُورٍ مُؤْذِي وَسيءٍ لِلغَايَةِ يُظْهِرُ الإنسَانَ وَهُوَ يَضحَكُ، وَيَأْكُلُ، وَيَشرَبُ، وَيَخرُجُ مَعَ أشخاصٍ لَكِنْ لَا أَحَدَ يَعلَمُ مَا يُخفِيهِ بِدَاخِلِهِ هَذَا الشَّخصُ يُخفِى أَحزَانًا وَخِذلَانِ مِن أَقرَبِ النَّاسِ لَهُ يُخفَى مُغَادَرَةُ أشخاصٍ يُحِبُّهُمْ لَهُ وَخِيَانَتِهِم وَغَدرِهُمْ يُخفَى بِدَاخِلِهِ الكَثِيرَ وَالكَثِيرَ وَلَا أَحَدَ يَشعُرُ بِهِ أَو يَعلَمُ بِمَاذَا يَشعُرُ الكلُّ يُصَدِّقُ مَا يَرونَهُ بِأَعيُنِهِمْ فَقَط فَرِفْقًا كُونُوا خِفَافًا.

أسماء أشرف

الدَّعمُ النَّفسيُّ في الأوقاتِ الصَّعبةِ لا يُنسَى أَبَدًا هَذِهِ لَيسَت مُجَرَّدَ مَقُولَةٍ بَل هِيَ حَقِيقَةُ الإِنسَانِ مَهما مَرَّ بِضُغُوطٍ وَتَعَبٍ وَمَهما قَسَت عَلَيهِ الْحَيَاةُ إِذَا وَجَدَ مَن يَدعَمُهُ نَفسِيًّا وَيَثِقُ بِهِ وَيُقَدِّرُهُ سَيَتَخَطَّى كُلَّ الآلَامِ وَكُلُّ مَا هُوَ صَعبٌ، وُجُودُ شَخصٍ يَدعَمُكَ وَيُهوِنُ كُلَّ صَعبٍ عَلَيكَ لَيسَ بِالأَمرِ الهَيِّنِ فَإِذَا وَجَدتَ الشَّخصَ مِنْكُم مَن يَكُنْ بِجِوَارِهِ فِي أوقَاتِ شِدَّتِهِ سَيَتَخَطَّى كُلَّ شَيءٍ فَلَا تَخسَر أَبَدًا مَن يَكُونُ بِجِوَارِكَ وَقتَ شِدَّتِكَ.

<u>أسماء أشرف</u>

☆*☆*☆*☆*☆

حَتَى هَذِه المَرة أَنَا مَن بَدَأتُ بِالمُحَاوَلَة؛ لإِبقَاء كُل شَيءٍ عَلَى مَا يُرَام أَعلَمُ أنَّ لو لم أبداً أَنَا لَخسِرتُ كُل شَيءٍ دُفعَة وَاحدة كمَا يَحدث مَعِي دَائِمًا ولَكِني قَد قَررتُ أن أُحَاوِلَ كَي لا أَخسَر لأنَّ الخُسَارة هَذِه المَرة سَتَكُون صَعبة لِلغَاية وهَا قَد كَسبتُ ولَم أسمَح للخسَارة أن تَقتَرب مِني.

<u>أسماء أشرف</u>

صَدِيقَتِي البَعِيدَةُ أَفقِدُكِ كَثِيرًا، إِنِّي دَائِمًا أَلعَنُ تِلْكَ المَسَافَاتِ الَّتِي تُبعِدُنِي عَنكِ لَا أَستَطِيعُ رُؤْيَتَكَ وَلَا أَستَطِيعُ أَيضًا أَن أَرتَمِيَ دَاخِلَ أَحضَانِكِ، لَكِنَّ أَكثَرَ شَيءٍ أُحِبُّهُ فِي عَلَاقَتِنَا هَذِي أَنَّنَا نُشبِهُ بَعضَنَا البَعضَ فِي كُلِّ شَيءٍ تَقرِيبًا، أُحَبُّ مِزَاحِنَا وَضَحِكْنَا وَحَدِيثُنَا فِي كُلِّ شَيءٍ أُحَبُّ مُشَارَكَتِنَا لِبَعضِنَا البَعضِ فِي كُلِّ شَيءٍ تَحدُثُ فِي يَومِنَا وَحَيَاتِنَا عُمُومًا، أُحِبُّكِ وَأُحِبُّ أَيَّ شَيءٍ يَخُصُّكِ وَأَتَمَنَّى أَن تَدُومَ عَلَاقَتُنَا لِلأَبَدِ وَنَبقَى سَوِيًّا طَوَالَ العُمرِ وَلَا نَتَغَيَّر مَعَ مُرُورِ الوَقْتِ.

أَسماء أشرف

عِندمَا التقَيتُ بكَ ظَننتُ أنى لن أنساكَ بَقية عُمري وكنت أنتِظركَ مُنذُ زمنٍ لكن حدثَ ونَسيتُك تَمَامًا وحَتمًا سَوفَ أجِدُ مَن يُعوضُنِي عَنكَ، فأنتَ مِثل أي شَخِص عَابرٍ لا تَستحِق هَذَا الوَلاء.

إسراء أحمد عيسى

☆*☆*☆*☆*☆

لا تُطِيلُ الغِيابَ، فَالغِيابُ مُر لا يُطاق وإن غِبتَ عَن عَيني يَومًا فَإن القَلبَ يَحترقُ شَهورًا وليالي.

إسراء أحمد عيسى

☆*☆*☆*☆*☆

هُنَاكَ شخص يُمكِنه أن يَطمَئِن القَلب بِوجودِه وكِلمَاته، شَخصٌ بينَ قِصة وألفَ حِكاية يُدونه التَاريخ بَطلاً لِروَاية.

إسراء أحمد عيسى

لا شَيء يَجري فِي هذه الحَياة سَهوًا رَغم حَلاوة الإحسَاس وجَمال التَفاؤل المَطلُوب لَكِن هُناكَ حَقيقة وَاحدة عَلينا الإيمان بِها وهي أنَّ النَصيبَ مَكتُوبٌ.

إسراء أحمد عيسى

☆*☆*☆*☆*☆

عِندمَا تَمسِكُ يَدي؛ لِنَعبرَ الشَارِع أو نَتخطى ثَغَرات الطَريق أو تودُّ إخباري أنكَ مَعي وبِجَانِبي دَائمًا، أنسَى تَعبي وآلامي وأشعرُ بالأمانِ؛ لِذَلكَ إياكَ أن تَخذلني.

إسراء أحمد عيسى

مَنْ كَانَ يَحمِلُ فِي قَلبِهِ حَبًا لِي فَأَنَا أُحِبُّهُ بِنَفْسِ الْقَدْرِ الَّذِي يُحِبُّنِي بِهِ، أَمَّا

إِذَا كَانَ هُنَاكَ مَنْ يَحمِلُ فِي قَلبِهِ كُرهًا لِي أو مَا شَابَهَ ذَلِكَ فَإِنَّ قَلبِي لَا

يَعْرِفُ الكَرهَ وَلَا يَحملُهُ فَلَا تُرهِقْ نَفْسَكَ فِي التَّفْكِيرِ، الكُرهُ مِن طَرَفٍ وَاحِدٍ وَلَا

تستَهِينَ بِقَدْرِ الشَّخْصِ الَّذِي أَمَامَكَ فَمِنَ الْمُمكِنِ أَن يَكُونَ أَذْكَى مِنْكَ وَأَحْلَمَ

مِنْكَ وَلَكِنَّ الذَّكَاءَ لَا يُعْرَفُ بِقَصْفِ الْجَبَهَاتِ وَلَا بِرَدِ الْأَقْلَامِ بِنَفْسِ الْقَسْوَةِ

وَلَكِن يُعْرَفُ بِمَدَى الْتِزَامِ الشَّخْصِ بِأَفضَلِ الْأَخْلَاقِ فِي وَقتٍ ضَاعَتْ فِيهِ

وَتَسَابَقَ النَّاسُ فِي رَدِّ الاقْلَامِ.

هدى محمد مسعد

سَوفَ تَأْتِينَا أَسهُمٌ قَاتِلَةٌ كَثِيرًا مِن حَيثُ لَا نَدري ومِن أَعَزِّ مَا نُحِبُّ، فَلَا تَجعَل هَذِهِ الأَسهُمَ تَقتُلُكَ بَل اجعَلهَا تَجرِبَةً تُعطِيكَ مَنَاعَةً ضِدَّ كُلِّ أَسهُمِ الْحَيَاةِ فَتَجْعَلُكَ تَصِلُ إِلَى أَقصَى مَا تَتَمَنَّى وَتُحَقِّقُ مَا عَجَزَ الْكَثِيرُ عَن تَحْقِيقِهِ.

هدى محمد مسعد

☆*☆*☆*☆*☆

لَا أُرِيدُ شَيئًا مِن أَحَدٍ يَكفِينِي أَنَّ الله مَعِي وَيُصِلُنِي وَمَن وَصَلَنِي بَعدَهُ، فَهُوَ فِي طَاعَةِ اللهِ وَمَنْ وَصَلتُهُ أَنَا، فَأَنَا أَصِلَهُ طَاعَةً لِلَّهِ وَلَسْتُ أَتَنْظُرُ مِنهُ نَفْسَ الوُدِّ أَوْ الوَصلِ، فَإِنَّ أَصِلَهُ لله فَقَطْ فَلَا تَحمِل نَفْسَكَ عَنَاءَ رَدِّ الْجَمِيلِ فَأَنَا أُسَامِحُ فِي حَقِّي.

هدى محمد مسعد

إذَا كَانَ الوَاقِعُ يُؤلمِني فَسوفَ أصنعُ عَالمِي الخَاص وأرسِم فيه كُل ما أحبُّ كل مَا يُسعِدِني كل مَا يُرضِيني لَعَلِي أُوصله لِلواقع يَومًا مَا فِي المُستقبل فلا تَحزَن تَفاءَل صِدقًا لِحديث رَسُول الله صلَّ الله عَليه وسَلِم تَفَاءلُوا بالخَير تَجِدُوه صَدقَ رَسُول الله صَلَّ اللهُ عَليه وسلم.

<u>هدى محمد مسعد</u>

☆*☆*☆*☆*☆

الظَّاهِر لَيسَ دَائِمًا حَقِيقة، والحَقِيقَة أحيَانًا تَكُون خَيالية؛ لِذَلِكَ لا تَنخَدِع بِما تَراه وتَصدُر أحكَامَك عَلى الآخَرِين فقط ابصِر قبلَ أن تَحكُم.

<u>هدى محمد مسعد</u>

رحلة بِدون سابق إنذار

سَيَذهبُ لَيسَ الآنَ ولَا بَعدَ قَليلٍ لَن يُخبرَكَ عَن ميعَادِ رحلَتِه تَذَكَّرتَهُ مُفَاجَأَةً رُبَّمَا كَانَ يَعلمُ وَقتَهَا وَ بَّمَا لَم يَكُن يَعلمُ سَتَقِفُ لِلحظَةِ تُدركُ فَقَطُ أَنَّهُ تَبَخَّرَ كَالسَّرَابِ لَن يَكونَ هُنَا مَرَّةً أُخرَى مَهمَا حَاوَلتَ هُوَ فَقَط غَادَرَ بِدُونِ الِالتِفَاتِ لَكَ أَوْ تَودِيعِكَ بِبَعضِ الكَلمَاتِ اللَّطِيفَةِ أَوْ حَتَّى القَاسِيَةِ، سَتَكُونُ رحلَةً بَارِدَةً تَجعَلُكَ أَنتَ تَشعُرُ بِسَقِيعِ قَلبِكَ سَتُدركُ بِنِهايَةِ الأَمرِ أَنَّهُ لَن يَعُودَ مُجَدَّدًا وَأَنتَ لَم تَعُدْ تُرِيدُهُ.

<u>مها عصام الدين</u>

☆*☆*☆*☆

قريبًا سَتَصِل

أيامُكَ تُشبه بَعضِها البَعض الجَميع يَسير بَينمَا أنتَ مُصَاب بِالشَّلَلِ، أصواتُ الحَياة بَاتت مُزعِجة وتُخرِب هُدوء روحكَ، نجاحتهم تعبثُ بمحاولاتك وتجعلها غير كَافيةٍ، طَاقتك انتهت وتَّشعر بِفشلك وَسَطهم لكن لا تقلق فقط أنه ليسَ وقت إزدهاركَ سَتدرك قريبا أنكَ أحرَزت الكَثير مِن الإنجازات ولا تَعلم أينَ أو مَتى؛ لِذَا دَعني أخبرك أنه سَعيكَ لم يَكُن هَباءًا

<u>مها عصام الدين</u>

استمر

عَن طولِ هَذَا الطَريق أخطُو بلا توقف، لستُ مُضطَر للركضِ لكِن فقط لا تَتَوقَّف هُنَاكَ وقتٍ حِين تَفقِد قُدرَتِك عَلى الإكمَال حِينَ تَفقد أنفاسَكَ، حِينَ تَشعر أنكَ مُتعب يُمكِنكَ أن تُجاري طَاقَتك لكن لا يمكنكَ أن تَسدِير مَع تَيار إحبَاطِك، لا تَجعَل الأمُور مِن حَولِكَ تقرر بدلاً مِنكَ، امضِي ببطءٍ قَدر ما تَشاء لَكِن لا تخسر تَقَدُمكَ بِالتَوقُّف.

مها عصام الدين

☆*☆*☆*☆

ناضجٌ

عِندَمَا تَشعُر أنَّ عُزلَتكَ مُريحَة وأنَّ البَشر ليسُوا إلا إمعاض لكَ، وأنكَ تَتجَاهَل تَجدِيد رَنِين هَاتِفك ولَم تَعد تَهتَم للتعليقات عَلى ثوبِكَ الجديد ولم تَعد تَشتهِي أكَلتكَ المُفضَلَة التي كُنت تَنتظر راتبكَ بِكلِ شَهرٍ لتَستَمتع بِها، وعِندَمَا تُدرك أن مَنزِلكَ هُو أروَع نُزهَةً عَلى الإطلاق، الآن فِقط أنتَ نَاضِج.

مها عصام الدين

يُمكِنُكَ ذلكَ

لَا تَقُل أَنَّكَ سَتَكُونُ الأعظَمَ دُونَ أَن تُحَرِّكَ سَاكِنًا ابدَأ بِأُولَى خُطُوَاتِكَ لِتُصبِحَ مَا تُرِيدُ

لَا تَقُل أَنَّكَ تُرِيدُ أَن تُصبِحَ مثلَ أَغْنَى رَجُلٍ فِي العَالَمِ وأنتَ لَا تُفقَهُ شَيئًا بِالاقتِصَادِ أَوْ حَتَّى أَسَاسِيَّاتِ التِّجَارَةِ

لَا تَقُل أنكَ تُرِيدُ أَنْ تُصبِحَ أَدِيبَ كَنَجِيبٍ مَحفُوظٍ أَوْ دِيستُوفِيسكِي فِي حِينِ أَنَّكَ تَجِدُ صُعُوبَةً دَائِمًا فِي تَنْظِيمِ أفكَارِكَ أَوْ كِتَابَةِ بَعضِ السُّطُورِ مِنْ الخَوَاطِرِ أَوْ الْكِتَابِ الَّذِي تَحلُمُ بِنَشرِهِ، تَسْتَطِيعُ أَن تَكُونَ أَيَّ شَيءٍ فَقَط إِن أَرَدتَ

مَا عَلَيْكَ إِلَّا البِدءُ بِالخُطوَةِ الأُولَى وَتَجرِي الأُمُورُ كَمَا تُرِيدُ.

<u>مها عصام الدين</u>

مُهلِك

الأمُورُ كَئِيبةٌ تَجعلك تَرغَب بالبكَاءِ أكثر، تارةً تَجعلك تَشعُر أنه لا بأسَ وتارة أخرى تَجِد نَفسكَ غَارقً، يملئك الإحباط ويَجعل مِنك خَامل ويَهلك طمُوحكَ، أحلامُكُ تحلق عاليًا بَينما تم اقتِلاع جناحيكَ، ألأمر أشبه باعتِقالٍ حر

<u>مها عصام الدين</u>

☆*☆*☆*☆

احذر

البَشرُ مُخيِفِين لا تَقتَرِب بِشِدةٍ، المُختَلين مِن حَولِكَ يَزحَفون إليكَ بِبُطء مُتَصَنعِين الابتسَامَات يُخبِرونَك أنَهُم هُنا؛ لمُسَاعَدتِك يُتابعون عَلى هَذا النَحو إلى أن يَتم سَحبك تَدرِيجيًا إلى الجَحِيم الخَاص بِهم؛ لِذا احذَر.

<u>مها عصام الدين</u>

إنجازاتك

نَحنُ نَنبَهر دَائمًا بالأشيَاءِ التِي لم نَستَطِع الوصُول إليهَا بَعد بِالرَغم من أنَّه يُمكِنكَ أن تَنبَهر بِالفَوزِ، بِتَحدِيَاتِكَ الصَغِيرة كَقضَاء صَلواتَكَ الخَمس أو إنهاء قَائمة أعمال أردتَ إنهائها في السَادسة

أو حَتى كِتَابة مُذكراتِكَ اليَومية، لَست مُجبر على الوصُولِ إلي السحب في حِينَ أنكَ تستطيع تسَلق النِخَيل وتأتي بِثمَاركَ.

<u>مها عصام الدين</u>

☆*☆*☆*☆*☆

مَيت بِدوامٍ جُزئِي

إنهَا كَكُتلة مِن الجَحِيمِ تَندَفِع كَصَارُرخ نَحوكَ مُبَاشرةً، أنتَ تَعلم أَنها سَتُؤلمكَ تَخترقُك شيئًا فَشَيئًا إنَها كَوابيسِكَ، أَنَانِيتكَ، جَشَعكَ، مَعَاصِيك، وأخطَائكَ

سَتلتهمك بالكامِلِ لن تتوقف عَاجلاً أنتَ عَلَى المَحَك؛ لِذَا أفق لازلت هُنا.

<u>مها عصام الدين</u>